LOUIS GUIBERT

LARON

TOPOGRAPHIE, ARCHÉOLOGIE, HISTOIRE

LIMOGES
IMPRIMERIE ET LIBRAIRIE LIMOUSINE
Vᵉ H. DUCOURTIEUX
Libraire de la Société archéologique et historique du Limousin
7, RUE DES ARÈNES, 7

1893

LARON

TOPOGRAPHIE, ARCHÉOLOGIE, HISTOIRE

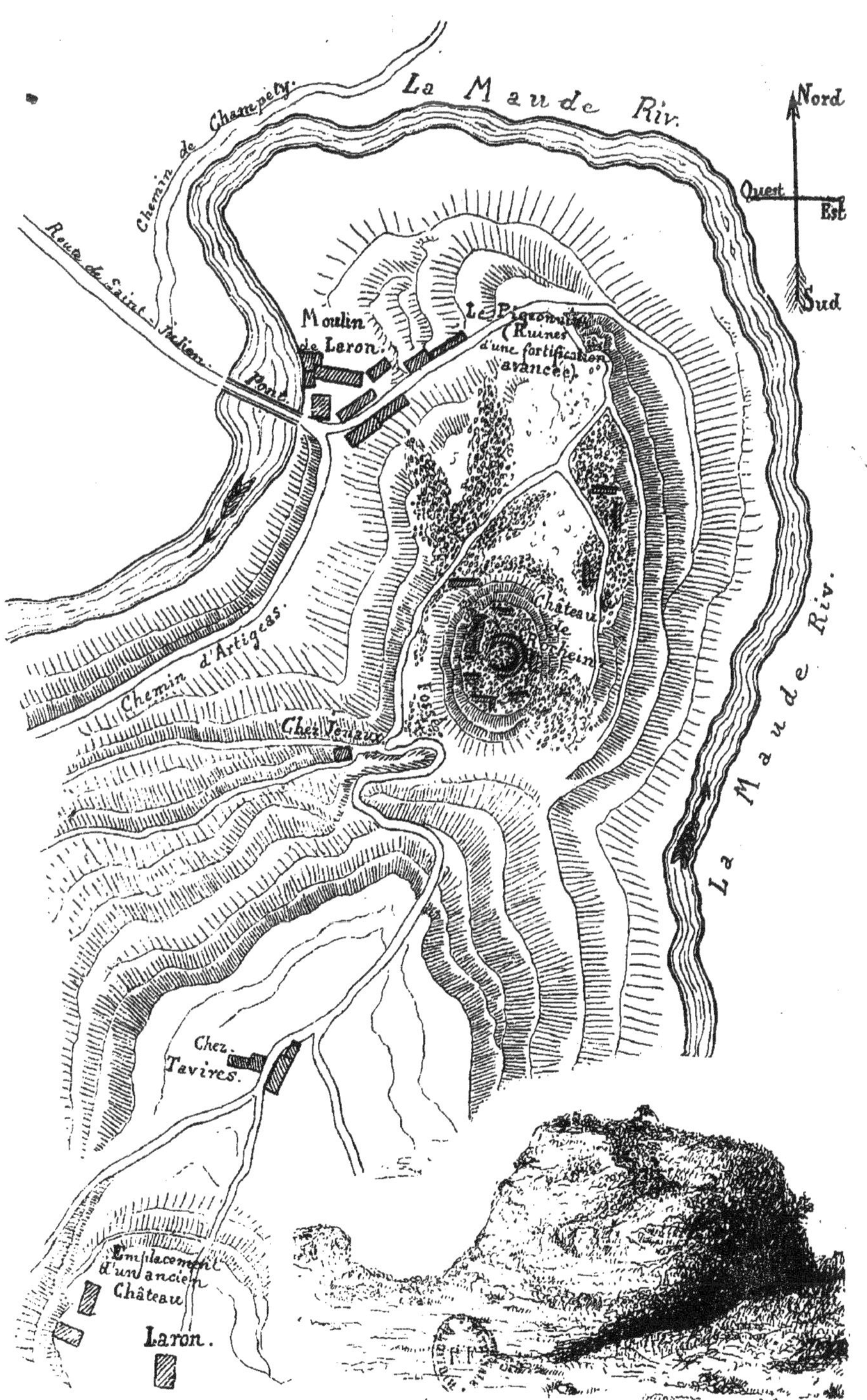

PLAN DE LARON.

LOUIS GUIBERT

LARON

TOPOGRAPHIE, ARCHÉOLOGIE, HISTOIRE

LIMOGES

IMPRIMERIE ET LIBRAIRIE LIMOUSINE

Vᵉ H. DUCOURTIEUX

Libraire de la Société archéologique et historique du Limousin

7, RUE DES ARÈNES, 7

1893

LARON

Topographie, Archéologie, Histoire

Le massif montagneux qui forme, au Nord-Est d'Eymoutiers, vers le point de contact de nos trois départements Limousins, une sorte de bourrelet irrégulier, d'aspect tourmenté, semé de bosses fort inégales, atteignant sur quelques points une altitude de plus de huit cents mètres, et sillonné par les profondes vallées de la Maude et de ses affluents, mérite assurément l'attention des géologues, des topographes, des amateurs de sites pittoresques ; mais il a plus de titres encore à appeler celle des personnes vouées à l'étude de l'histoire. On trouve là, en effet, un petit canton resserré entre le Limousin et la Marche, et qui, dans le passé, n'a partagé les destinées provinciales d'aucun de ces deux pays. Rattaché à Bourganeuf, à Montmorillon et à Poitiers par un lien dont la force et la persistance ont lieu de nous étonner, ce territoire, d'une étendue relativement restreinte, s'est maintenu dans cette situation anormale pendant toute la durée de l'ancien régime, et on le trouve jusqu'en 1790 étranger aux groupes féodaux et aux circonscriptions judiciaires qui l'enceignent : il est demeuré isolé, continuant d'obéir à une attraction dont le principe nous échappe, fidèle à des relations séculaires, soumis à des juridictions lointaines, en dépit des inconvénients de tout genre qui résultaient nécessairement d'un semblable état de choses. De nos jours encore, il conserve quelques coutumes particulières dont les tribunaux, les justices de paix surtout, ont assez souvent à tenir compte.

I

Peyrat et Laron

Deux foyers principaux d'activité et de vie sociale se manifestent de bonne heure sur ce petit coin de terre, à qui étudie avec quelque attention son passé : Peyrat et Laron, — Peyrat, vieux château remontant aux premiers siècles de la monarchie franque, sinon plus haut, possédant à une époque reculée plusieurs églises, de date ancienne, agglomération d'une certaine importance, décoré du titre de *bourg* dès le douzième siècle, alors que ce titre équivalait à celui de petite ville (1), ayant déjà des sénéchaux particuliers au temps de Henri II d'Angleterre et de Richard Cœur-de-Lion (2), — Laron, fort ruiné et oublié depuis des siècles, mais dont l'origine n'est ni moins lointaine, ni moins obscure, et dont les maîtres nous apparaissent puissants et redoutés longtemps avant les Croisades, dans cette première période de l'âge féodal, si peu et si mal connue de nous, effrayant chaos où s'ébauchent au milieu d'une sorte de brume, dans le désordre et la violence, une société moins barbare, des mœurs moins rudes, une nouvelle civilisation plus conforme à l'idéal chrétien.

L'une et l'autre de ces localités sont mentionnées à des diplômes de la période mérovingienne donnés en faveur de la grande et illustre abbaye de Saint-Denis. Le premier de ces titres, daté du 20 avril 627, émane d'une pieuse dame qui paraît appartenir à la famille royale : Théodila ou Théodetrude, fille de Bradulfe. Au nombre des domaines dont elle dote l'église de ce monastère, se trouve la villa de Peyrat, au pays de Limousin, avec ses bâtiments, ses serfs et ses dépendances (3). Il y a toute raison de penser qu'il s'agit ici de

(1) Les habitants de Peyrat sont qualifiés de *burgenses* à un certain nombre de documents du xiii° siècle et de la fin du xii° (fonds de l'Artige et de Grandmont, aux Archives de la Haute-Vienne).

(2) *Brandisius, senescallus de Peyrato*, (Cartulaire d'Aureil, aux Archives de la Haute-Vienne, f° 71 v°) ; *Gaufridus Ysauret, senescallus de Peyrato* (*Ibid.*, f° 28 v°).

(3) *Volo etiam esse donatum villa quœ cognominatur Patriago, quœ est in pago Lemozino, cum domibus, mancipiis, terris, pratis*, etc. (PARDESSUS : *Diplomata, chartœ, epistolœ, leges*. Imprimerie nationale, 1849, t. I, p. 227, 228, t. II, p. 42). — *Revue des Sociétés savantes*, 1862, t. I, p. 60 et J. Havet : *Questions mérovingiennes : les origines de Saint-Denis.*

Peyrat-le-Château ; car, d'un autre document d'une date peu antérieure (20 juin 626), il résulte que cette dame avait des possessions
dans les environs, du côté de Royère en particulier (1).

Quoiqu'il en soit, un diplôme du roi Dagobert I de l'an 636, c'est-
à-dire de neuf années seulement postérieur à la donation que nous
venons de rappeler, mentionne et le château de Peyrat, et la chapelle, l'église et à ce qu'il semble le château de Laron. Cette fois
une méprise n'est pas possible. Les deux localités dont il est parlé
à ce document sont bien celles que nous avons en vue. Voici en
quels termes est conçue la donation :

« Nous donnons aussi (2) .... certaines possessions sises
au pays de Limousin et de Berri et jusqu'ici assignées au domaine royal, savoir : *notre château appelé Patriagus*, avec les
églises et les exploitations qui dépendent de ce château, puis
notre cour de *Patriacus*, sise sur la rivière de la Vige, avec
notre chapelle consacrée en l'honneur du Saint-Sauveur, plus les
trois églises existant dans ladite *villa*, et toutes leurs dépendances.
Nous y ajoutons deux *villas* avec leurs églises, situées sur la
rivière de la Voueize, à savoir : *Petraficta* et *Patriacum*... et notre *villa* appelée *Fornolis*, et *Nigromons* avec son église. Nous donnons de plus la chapelle de Laron, et l'église de la paroisse, avec
toutes les églises dépendant de ce château et situées tant au dehors
qu'au dedans dudit château (3)... »

(1) Pardessus : *Diplomata, etc.* t. II, p. 9. La date de 631 y est indiquée à
tort. M. Z. Toumieux a donné, dans le tome XXXIX du Bulletin de la Société
archéologique du Limousin (p. 630), une étude intéressante sur la topo-
graphie de ce diplôme.

(2) *Res quasdam in Limozino et Bituricensi sitas confinio, regio hacte-
nus adscriptas dominio : in primis videlicet castrum nostrum quod dicitur Patriagus, cum ecclesiis, villis etiam ad ipsum castrum pertinentibus.... deinde curtem nostram quæ vocatur Patriacus, sitam super fluvium Viglœ (Jugiœ par une erreur évidente), cum cappella nostra in honore Sancti Salvatoris consecrata, et cum tribus ecclesiis in eadem villa
existentibus, et cum omnibus appendiciis suis. Addimus namque alias villas
duas cum ecclesiis quæ sitæ sunt super fluvium Vulsiœ, videlicet Petram-
fictam et Patriacum... et villam nostram quæ dicitur Fornolis, et Nigro-
montem cum ecclesia, Campaniacum cum ecclesia. Damus etiam cellam
de Larundo et ecclesiam parochialem, cum omnibus ecclesiis ad ipsum
castrum pertinentibus, tam intus quam extra. (*Pardessus : Diplomata, etc.*
t. II, p. 42).

(3) Il semble bien que ce dernier mot de *castrum* s'applique à Laron. Il
est difficile d'admettre qu'il se rapporte à Peyrat. On peut se demander si *cella* signifie ici : chapelle ou grange, grenier, dépôt.

Nous avons avec intention conservé la forme donnée par ce document aux noms de lieu qui y sont mentionnés, parce que les identifications proposées jusqu'ici de plusieurs de ces noms ne sont pas absolument certaines.

Si nous pensons, avec M. Alfred Jacobs, avec M. Julien Havet (1), que le château de *Patriagum* ne saurait être que Peyrat-le-Château, nous estimons aussi, ne connaissant dans la contrée aucune autre localité de dénomination analogue, qu'on peut avec sûreté identifier *Larundo* avec Laron. Ces deux points, Peyrat et Laron, n'étant distants l'un de l'autre que de huit ou neuf kilomètres, nous sommes conduit à chercher à proximité de ces localités, les autres églises et villas concédées au monastère de Saint-Denis par Dagobert. Or, en jetant les yeux sur une carte du canton d'Eymoutiers, nous apercevons, à très peu de distance les les unes des autres, et groupées pour ainsi dire autour de nos deux points de repère, des localités dont les noms rappellent, de la façon la plus frappante, ceux de toutes les villas énumérées au diplôme de 636. Voici, sur le territoire de la commune de Beaumont, à trois kilomètres environ au Nord-Est du bourg, le village de Pierrefitte (*Petraficta*), et à deux kilomètres au sud de même bourg, le hameau de Champagnat (*Campaniacum*). Un peu plus au Sud, dans la commune de Rempnat, nous trouvons le village du Fournet ou Fourneix — autrefois peut-être Fournel ou Fourneils — qui pourrait à la rigueur correspondre à *Fornolis*, et qui est presque sur le bord de la Vienne; enfin, à une très faible distance vers le Sud, celui de Nègremont (*Nigromons*). La proximité de ces deux derniers groupes d'habitations justifie l'indication du texte faisant de *Nigromons* et de *Fornolis* une seule et même villa... Il semble difficile d'admettre que la réunion en ce point, si remarquable et si complète, de localités portant des dénominations identiques à celles des villas données ou confirmées en 636 à l'abbaye de Saint-Denis, soit une rencontre fortuite et une indication sans valeur ? Et nous hésitons à nous éloigner, à la suite de M. Havet, du canton montagneux où semble nous fixer cette nomenclature, pour aller, par exemple, chercher *Nigromons* à Saint-Georges-Nigremont (Creuse), qu'une assez grande distance sépare de Peyrat-le-Château, visiblement le centre des domaines concédés.

Il faut toutefois reconnaître que nos identifications pèchent par plusieurs côtés et qu'il serait assez difficile de les soutenir.

____

(1) *Revue des Sociétés savantes*, année 1862, t. I, pages 60 et 243; — J. HAVET, *les Origines de Saint-Denis*.

Ni Nègremont, ni Champagnat ne paraissent avoir jamais possédé d'église, alors que Saint-Georges Nigremont est encore le chef-
lieu d'une paroisse. Une autre objection non moins grave est soulevée par le nom de la rivière sur laquelle sont situés Pierrefitte et
Patriacum — que nous ne réussissons pas à identifier dans notre
hypothèse. — Pour admettre nos traductions, il faudrait lire
Vigenna au lieu de *Vulsia*. *Vulsia* ne peut être que la Voueize,
et précisément cette rivière passe au bas de deux bourgs, Pierrefitte
et Peyrat-la-Nonière, qui répondraient fort bien aux indications de
notre document. Celui-ci au surplus présente d'autres points obscurs,
quelle que soit la solution adoptée. Ainsi nous avons en vain cherché la *cour* de Peyrat sur la Vige. Personne n'a pu nous signaler un
lieu de ce nom à proximité de cette rivière. Il est vrai qu'à
d'autres diplômes dont nous allons parler et où il s'agit bien,
semble-t-il, des mêmes localités, le mot *Patriacus* est remplacé par
Parciacum.

Quoiqu'il en soit des identifications ci-dessus, Charlemagne, en 811,
et en 905 Charles-le-Simple renouvellent les libéralités de Dagobert.
Dans un de leurs diplômes, qu'a publié Doublet parmi les *Preuves*
de son *Histoire de l'abbaye de Saint-Denis,* nous retrouvons, explicitement dénommés, le château de Peyrat et son église, le bourg
de Peyrat et son église, ainsi que la chapelle de Laron (1).

Comment Peyrat et Laron furent-ils définitivement enlevés au
monastère de Saint-Denis? Le silence gardé sur ce point par les
chroniques et les documents d'archives nous interdit de faire à
cette question aucune réponse. Il est vraisemblable que cette dépossession se produisit durant la période de crise d'où devait, avec
un nouveau classement des terres, une nouvelle hiérarchie des personnes, sortir le régime féodal destiné à survivre au moyen âge. En
tout cas, Peyrat semble n'avoir plus d'attache avec la royale abbaye
dès la fin du xie siècle, puisqu'en 1097 le pape Urbain II, confirmant
au monastère de Saint-Martial de Limoges son domaine spirituel et

____

(1) *Damus... Patriacum etiam castrum nostrum et ecclesiam ejusdem
loci, et burgum cognomine ad Patriacum et ecclesiam ejusdem burgi, et
Parciacum, quod est situm super flumen Vigiæ, et cellam de Larundo,
in pago Lemovizino, eorumque appendicia ac subsequencia, quæ quorumdam paritate* (*) *hominum a cœnobio beatorum martyrum Dionysii,
Rustici et Eleutherii injuste cognoscendum esse sublata, eidem cœnobio
in perpetuum reddidimus.* (*Hist. de Saint-Denis,* Paris, 1625, p. 672,
727, 729).

(*) Il faut lire certainement : *pravitate.*

temporel, comprend, dans l'énumération des églises de sa dépendance, celles « de Saint-Denis et de Saint-Martin de Peyrat (1). »

On sait peu de choses, au surplus, sur ces deux très anciennes
églises. Au xv° siècle, celle de Saint-Martin fut rebâtie, au moins en
grande partie. Quant à Saint-Denis, un texte récemment publié la
nomme vers le milieu du xii° siècle, en lui donnant la qualification
de monastère (2). L'abbé Nadaud atteste, dans son *Pouillé rayé du
diocèse de Limoges* (3), qu'au milieu du dernier siècle, l'édifice tombait en ruines.

L'ancien château de Peyrat a depuis longtemps disparu. La grande
tour carrée qui subsiste au bord de la route d'Eymoutiers à Bourganeuf et qui domine la ville et l'étang, ne nous a paru conserver
aucune partie antérieure au xiii° siècle.

L'histoire de Peyrat offre un certain intérêt. Nous avons donné
ailleurs quelques indications sur la baronnie dont cette ville fut le
siège (4), et tout récemment reproduit, d'après les *Rotuli litterarum
patentium* de la Tour de Londres, une charte de Jean-sans-Terre,
roi d'Angleterre, en faveur des bourgeois de Peyrat (5). Nous ne
nous proposons pas aujourd'hui de reprendre et de traiter ce sujet,
plus vaste peut-être qu'il ne semble au premier abord. C'est de
Laron seulement que nous voulons nous occuper dans cette étude.

II

Les deux montagnes de Laron

Nous avons relevé le nom de Laron à un texte de la période mérovingienne; nous l'avons retrouvé sur un diplôme de 811. Dès ces

____

(1) *Apud Pairac, ecclesias Sancti Martini et Sancti Dionysii* (BALUZE :
Miscellanées, t. VI, p. 388). Voir à ce sujet un article de M. le chanoine
Arbellot sur Peyrat, dans le n° de la *Semaine religieuse du diocèse de Li-
moges* du 8 février 1868, (n° 6) p. 69, 70

(2) LEROUX et BOSVIEUX : *Chartes, chroniques et mémoriaux*, p. 51.

(3) Conservé à la bibliothèque des Sulpiciens du Grand Séminaire (n° 1
du Catalogue des manuscrits).

(4) *Les Enclaves poitevines du diocèse de Limoges.* Limoges, V° Ducourtieux, 1886, in-18.

(5) *Bulletin de la Société archéologique et historique du Limousin,*
t. XXXVII, p. 391. Ajoutons que, dans le même recueil, t. XXXVII, p. 392
et p. 804, et au tome IV des *Archives historiques du Limousin,*
M. Pierre Cousseyroux a publié d'intéressants documents sur Peyrat-le-
Château.

temps reculés, il y a là et une chapelle, et une église paroissiale, et, semble-t-il, un château : Laron nous apparaît déjà, sinon comme le chef-lieu de cette partie de la contrée, tout au moins comme un de ses points les plus remarquables et les plus connus. Aux xiie et xiiie siècles, époque à laquelle le château semble avoir déjà perdu de son importance, il demeure comme une sorte de repère et sert à désigner avec plus de précision quelques localités voisines ; on trouve souvent : Saint-Julien de ou près Laron, Conjat près Laron (1).

Que signifie le nom de Laron et d'où vient-il ? Plusieurs étymologies ont été proposées. Mais aucune des solutions indiquées ne paraît concluante.

Il importe d'abord de rapprocher les formes diverses de ce nom que fournissent les anciens documents. La première qu'on rencontre est donnée par les diplômes mérovingiens et carlovingiens mentionnés plus haut : c'est *Larundum, Larundus* ou *Larundo*. Le chroniqueur Geoffroi de Vigeois écrit aussi : *progenies Larumdensium dominorum*, et le cartulaire de Saint-Etienne de Limoges, cent ans plus tôt : *Ademar Larondensis* ; celui de l'Artige : *de monte Larundi*. On trouve au cartulaire d'Uzerche : *Lerunto, Lerunt*. Nous avons noté ailleurs : *Larond, Laruntz, Larunt, de Leronto, de Leronte, de Laronte, Laront, Leron, Laron*. Toutes les citations que nous avons relevées se réfèrent à une de ces formes. Seul, l'abbé Nadaud, dans son *Pouillé rayé*, fait allusion à un texte où le Mont Laron est dénommé : *Mons Arundinis* ; mais il omet d'indiquer la provenance de cette citation. Il signale aussi, comme se rapportant à la localité qui nous occupe, un *mansus de Latronibus* dont il serait parlé aux *Acta Sanctorum*, tome IV de juin, p. 756. On trouve en effet, à cette page, l'évêque Jourdain de Laron dénommé *Jordanus de Latronibus* ; mais nous ne connaissons aucun aucun autre exemple de cette forme étymologique et elle nous semble fort suspecte. Elle est du reste plus récente que celle fournie par les diplômes dont nous venons de parler et dont l'orthographe, on voudra bien le remarquer, est confirmée par tous les textes postérieurs.

Nous nous permettrons donc de ne pas nous arrêter aux deux étymologies de Nadaud (2). Il serait plus naturel de penser que le profil arrondi du Mont-Laron a pu suggérer une dénomination dont

----

(1) Cartulaires d'Aureil, de Beaumont ; obituaire de Saint-Martial, etc.

(2) Page 138. Ajoutons que Nadaud propose encore comme éléments étymologiques, le mot hébreu *aaron* (montagne) ou le flamand *laren* (pâture publique). Les philologues choisiront.

nous rencontrons seulement une forme corrompue. Mais nous n'insistons pas sur une supposition qui prête elle-même le flanc à la critique.

Ce nom de Laron est, de nos jours encore, donné à deux montagnes placées en face l'une de l'autre et que sépare le cours rapide de la Maude, appelée *Mouda* au Cartulaire de l'Artige et à d'autres textes anciens. Celle qui par elle-même offre le plus d'intérêt est le Mont-Laron. Son sommet n'est pas à une altitude inférieure à 622 mètres, et elle a toujours été considérée comme une des éminences les plus remarquables de la région. Placée sur l'extrême limite des deux départements de la Haute-Vienne et de la Creuse, mais comprise presqu'en entier dans la circonscription du premier, elle se détache très nettement de la petite chaîne à laquelle elle appartient et élève au milieu des sommets voisins, moins dégagés et moins saillants, sa croupe arrondie, aux courbes larges et pleines. Ses flancs, jadis couverts de bois, sont aujourd'hui à peu près dénudés, et on les voit se revêtir à l'automne de bruyères roses du plus charmant effet. Au sommet s'étend un assez vaste plateau qui n'offre aucune particularité remarquable. La partie de la montagne qui s'étend sur le territoire de la Haute-Vienne possède trois villages : Conjat à l'Est, Champety au Sud et Mont-Laron au Sud-Ouest. Sur le versant occidental, non loin de la cîme, jaillit, dans un pli de terrain, une fontaine, dite de Saint-Laurent, dont les eaux abondantes arrosent les prairies de Saint-Julien-le-Petit, vieux bourg construit sur un contrefort de la montagne. L'église de ce bourg, dédiée à St Julien-de-Brioude, parait avoir été édifiée vers 1150. Le Chapitre d'Eymoutiers nommait à la cure. (1).

Nous avons vu plus haut que ce bourg est souvent appelé Saint-Julien près Laron, ou même Saint-Julien-de Laron.

A peu de distance de la fontaine de Saint-Laurent, on reconnaît les vestiges d'une chapelle placée sous l'invocation du même saint. St-Laurent au Mont-Laron était un prieuré de la petite congrégation de l'Artige (2), qui dès son établissement posséda des droits sur

----

(1) Nadaud : *Pouillé rayé*, p. 158. Le chapitre y pourvoit du moins en 1440, 1556, 1558, 1571, 1613, 1630, 1631, 1657, 1692, 1714, 1732, 1762. On voit toutefois l'évêque nommer à cette cure en 1512.

(2) M. Emile Grignard, dans son *Dictionnaire de la Haute-Vienne* (manuscrit des archives du département) se trompe en affirmant d'après Nadaud que cette maison ne fut fondée qu'en 1467. La seule liasse D\ 1177 des archives de la Haute-Vienne fournit deux mentions du prieuré de Mont-Laron l'une de 1439 : *(prioratus de Montlaron)*, l'autre de 1266 : *(domo de Monleron)*.

ces montagnes; on lit, au cartulaire de ce prieuré, qu'un des fondateurs du monastère, le Vénitien Marc, obtint des petits seigneurs du voisinage une partie de la forêt du Mont-Laron (1). Les droits dn monastère à Conjat et dans d'autres localités des environs sont signalés en 1184, 1185, 1192, etc. (2). Une communauté fut établie dans la maison du Mont-Laron; un document des archives de la Haute-Vienne fait mention du précepteur de ce petit monastère (3), un autre des « bonshommes » de ce couvent (4).

On voit, en 1266, Ahélis, femme de Roger de Laron, fonder un anniversaire à l'Artige et faire un don à ce monastère en faveur du couvent du Mont Laron; celui-ci reçoit aussi, en 1295, certaines libéralités d'un riche bourgeois de Peyrat, Boson *Coheta*, dont le nom figure à beaucoup de chartes de cette époque (5). On possède une accense du prieuré de Saint-Laurent du Mont-Laron, datée de 1439 et nous avons pu relever les noms de quelques titulaires de ce prieuré : en 1443, il appartient à frère Gérald Roux, chanoine de l'Artige, qui accense la même année à Pierre de Lage, de la paroisse de Saint-Julien, « le lieu ou métairie de Mont-Laron, ses appartenances et le bois *deu Queysanteu*. En 1682, le prieuré appartient à Jean de Brucelle, prêtre, habitant de St-Léonard; le 16 septembre 1683, le titre a passé à Louis de Brucelle; le 5 décembre 1691, à Martial de La Chambre, chanoine de St Léonard. Un prêtre de la même ville, Jean Gay, est dit prieur de St-Laurent du Mont-Laron dans deux documents dont les dates sont séparées par un intervalle de plus de quarante ans : 21 mai 1730 et 4 mars 1771. Il est permis de se demander s'il s'agit dans l'un et dans l'autre de la même personne. Ce bénéfice toutefois avait été réuni au Collège des Jésuites, vers le milieu du xviie siècle. Les Jésuites le donnèrent en 1689 à un chanoine régulier de l'Artige, compétiteur, semble-t-il, d'un des prieurs nommés plus haut : ils en pourvurent un peu plus tard un chanoine de Bénévent (6). En 1751, le revenu de ce petit

(1) *Peciit partem silve que vocatur Monleron a dominis ipsius silve, qui dederunt cum summa benivolentia, scilicet G. Lazaias et W. consanguineus ejus de Pairac, et W. de Lazaias et frater ejus Boso, et B. de Visio et frater ejus G. et Ema, mater eorum, et Aimiricus et frater ejus W. postulantes societatem beneficiorum ejus, etc.*

(2) Archives Haute-Vienne D. 1089, D. 1090, D. 1091.

(3) *Ibid.* D 1089.

(4) *Les bosomes de Montlaront*, charte s. d. du cart. d'Aureil, *fol*, 14.

(5) *Ibid.* D. 1177 et fonds de Grandmont, *passim*.

(6) Arch. de la Haute-Vienne, liasses de l'Artige, dans le fonds du Collège série D.

prieuré était tombé à vingt trois livres. Sur la demande du titulaire, l'évêque, Mgr du Coëllosquet, réduisit, par ordonnance du 11 septembre, les charges du prieuré à douze messes basses par an, et prescrivit la démolition de la chapelle, qui tombait en ruines. Le produit de la vente des matériaux devait être employé à la réparation et à l'embellissement de l'église paroissiale de Saint-Julien (1).

Au Sud-Ouest du Mont-Laron, s'élève une autre montagne, dite du Bois de Laron : celle-ci d'une forme plus tourmentée et d'une altitude moindre. Elle était autrefois couronnée par une forêt dont quelques parties subsistent encore. Aux xii⁰ et xiii⁰ siècles, on trouve plusieurs mentions de cette forêt, *nemus de Laron.* Près du sommet, existe une fontaine dite : de Sainte-Chabrière, et appelée quelquefois, mais à tort, semble-t-il, de Sainte-Geneviève, qui est le but d'un pèlerinage très connu dans le pays, et très fréquenté pendant tout l'été, à partir de la moisson. Les paysans s'y livrent aux mêmes pratiques qu'au bord de la plupart de nos « bonnes fontaines ». On y voit quelques *ex-votos* : béquilles, linges, mèches de cheveux, touffes de laine. Les pèlerins jettent aussi des sous dans la fontaine, sorte de flaque d'eau d'une limpidité médiocre, qui se conserve dans un bassin naturel, creusé au milieu d'un fragment de rocher. A ce lieu se rattache une légende, écho fort reconnaissable de l'histoire si populaire de Geneviève de Brabant.

En descendant le versant nord de la montagne du Bois-Laron, on traverse des landes, des terrains pierreux et accidentés, de maigres châtaigneraies ; puis on rencontre, s'étageant comme des degrés, plusieurs paliers successifs dont le dernier, légèrement incliné à l'Est, présente quelques terres cultivées, de mauvais pacages et trois ou quatre bouquets d'arbres. Voici le vieux village des Granges de Laron, et à peu de distance à l'Ouest de celui-ci, le hameau de Laron, formé de six ou sept pauvres masures, et où les yeux cherchent en vain quelques traces de l'église paroissiale donnée par Dagobert aux moines de Saint-Denis. Plus bas encore, on trouve les bâtiments de Chez Tavires, que dessert un très ancien chemin, pavé de gros blocs de pierre et au tracé tourmenté, vrai chemin de montagne. A ce point, au-dessus de Chez Jenaux, l'arête de la colline s'accentue ; la masse rocheuse se rétrécit et forme un promontoire qui s'avance au Nord, puis s'abaisse peu à peu, encadrant ses dernières déclivités dans une boucle de la rivière. Au sommet de ce promontoire, sur un ressaut de terrain que défendent à droite et à gauche des pentes escarpées, surgit une butte de huit

(3) *Pouillé rayé,* 158.

à neuf mètres de relief, sentinelle avancée de la montagne, dominant le cours de la Maude. Celle-ci de trois côtés : à l'Est, au Nord et à l'Ouest, la protège et forme comme un fossé naturel en avant de la montagne, aux pieds de ce mamelon dénudé, que surmonte une plate-forme de plan presque ovale et qui appelle de loin l'attention du voyageur non sans piquer sa curiosité. C'est Rochein.

III

Le château de Rochein

Il n'est pas nécessaire d'un examen bien long pour reconnaître dans ce monticule une motte carlovingienne. Celle-ci est assurément la plus importante et la mieux caractérisée de toutes celles dont il existe des vestiges dans le pays.

La butte est formée en partie par le rocher, en partie par des apports de terre et des constructions. Elle était jadis protégée, au moins sur plusieurs points, par un revêtement en moellons et en pierres de taille grossièrement équarries, dont une partie subsistait encore, il y a un demi-siècle (1). Le monticule factice ainsi constitué reposait sur un soubassement dont le travail de l'homme avait, à l'Est et à l'Ouest, accentué la déclivité, de façon à augmenter les difficultés de son accès. A l'Est, la pente du soubassement continue sans interruption celle même du glacis de la motte et rend cette dernière inabordable de ce côté. Au Nord, une sorte d'esplanade se trouve ménagée en avant du monticule, et il est vraisemblable qu'un fossé la coupait. On trouve également à l'Ouest, à la base même de la motte et sur le rebord, assez large de ce côté, du soubassement, un mouvement de terrain très sensible, indiquant l'existence d'un fossé qui contournait le monticule. La dépression s'accentue au Sud, vers le point même où le promontoire, un peu en arrière de la butte, se soude à la montagne. Là on trouve un fossé très reconnaissable encore, dû tout entier au travail de l'homme.

La motte proprement dite offre l'aspect d'un tronc de cône à section elliptique, dont la base aurait de trente-cinq à quarante mètres de longueur au plus, sur vingt à vingt-deux de largeur et dont la

____

(1) C'est du moins ce qui résulte des explications très circonstanciées que nous donnent MM. le Dr Gaillard, de Bourganeuf, et Pitauce, ancien instituteur à Saint-Julien.

plate-forme mesurerait une trentaine de mètres sur seize ou dix-huit environ, soit un peu plus de cinq cents mètres carrés de superficie. Nous avons dit qu'elle s'élève à huit ou neuf mètres au-dessus de la petite esplanade qui couronne le soubassement en avant de la butte. Celle-ci garde encore tout son relief, et bien que le revêtement constituant en quelque sorte son armure, ait à peu près disparu, et que ses flancs, couverts d'éboulis, laissent voir de larges cicatrices à demi dissimulées par les plantes sauvages, la masse accuse encore avec netteté sa forme primitive. Vers le Sud-Est, toutefois, les ruines d'une tour ont adouci l'escarpement, et la culture, qui s'est emparée d'un petit carré de terrain, a modifié, avec le profil du soubassement, l'aspect de la partie inférieure de la motte elle-même.

Toute la déclivité du promontoire, du pied de la butte jusqu'au village du moulin de Laron, fort ancien et plusieurs fois mentionné dans les documents de nos archives, accroupi au bas de la montagne, à quelques centaines de mètres plus loin, est couverte de débris, de longues traînées de pierres amoncelées, semblables à de minuscules moraines. Au milieu de ces débris, on distingue quelques restes de murailles dont il est presque toujours difficile, tant celles-ci sont écrasées, ébréchées, couvertes de décombres et de végétation, de déterminer la direction exacte et qu'il ne faut pas songer à tenter de relier entre elles.

La motte est connue dans le pays sous le nom de *Butte de Rochein, château de Rochechein, de Rutchein* ou *des Rocheins*. On ne lui applique pas d'autre dénomination. C'est ainsi du reste que nous la trouvons désignée au cadastre, où elle forme une parcelle spéciale, portée sous le n° 60, et au Répertoire archéologique joint au *Dictionnaire géographique* du département de la Haute-Vienne, de M. Emile Grignard. Ni M. Allou ni aucun des archéologues qui, depuis le commencement du siècle, se sont occupés de l'étude de nos monuments, n'ont consacré une ligne, accordé une mention au château de Rochein : celui-ci semble être demeuré absolument inconnu d'eux tous (1).

Et pourtant, le château qui s'est jadis élevé sur cette motte dominait un territoire assez étendu. Outre qu'il commandait le cours de la Maude, il pouvait surveiller, au Sud, la campagne d'Eymoutiers et la vallée de la Vienne, par un large créneau s'ouvrant entre deux

______

(1) Un seul livre imprimé, à notre connaissance, signale le château de Rochein. C'est la *Géographie de la Haute-Vienne*, de M. Taboury (Limoges, V° Ducourtieux, 1886, 1 vol. in-12). Cet ouvrage fait remonter, nous ignorons sur quelles données, la destruction du fort au XVI° siècle.

montagnes. L'emplacement est bien choisi pour une vedette. Ce château fut en effet, au moyen âge, un avant-poste du comte de Poitiers,
plus tard du roi de France, planté entre le grand fief de la Marche
et l'agglomération un peu factice, sans lien féodal entre ses parties,
qui constituait le Limousin.

De l'édifice lui-même qui s'élevait sur la butte, il ne reste que
d'informes décombres. On a démoli les murs jusqu'au dessous du
niveau de la plate-forme pour en prendre les matériaux. Tous les
morceaux d'une certaine dimension ont été soigneusement enlevés ;
la pierraille seule a été laissée, et elle forme des amas qu'il faut
franchir en trébuchant. Vers le milieu de la motte, un peu au Nord-
Est, on distingue les restes d'une tour ronde, qui avait peut-être
remplacé le donjon primitif ; on reconnaît aussi quelques débris de
l'enceinte, quelques contreforts, et il est possible de constater la
direction de trois ou quatre murs intérieurs. A part cela on ne saurait, à moins de fouilles assez laborieuses, songer à dresser, d'une
façon un peu précise, le plan des constructions qui couronnaient le
monticule. Après deux essais tentés à quatre mois d'intervalle, nous
avons dû y renoncer.

Les renseignements que nous avons recueillis dans les environs,
les indications surtout qu'a bien voulu, avec une rare obligeance,
nous fournir M. le Dr Gaillard, de Bourganeuf, nous permettent seulement de fixer quelques points. Ainsi, en arrachant de la pierre
au sommet de la butte, il y une quarantaine d'années, on mit à
découvert une pièce voûtée ; mais elle ne fut pas explorée avec tout
le soin désirable. Les gens du pays prétendent que cette pièce avait
été la cuisine de l'ancien château. Il n'y a aucun motif d'admettre
cette destination.

Sur cette même plate-forme, dans la partie Sud, M. Gaillard avait
trouvé, il y a trente ou trente-cinq ans, un petit appartement rec-
tangulaire dont le sol était formé de carreaux de brique fort dure,
et d'un grain très fin, mais sans glaçure ni décor émaillé. Il existait probablement une communication directe entre les souter-
rains du château et un aqueduc fort ancien, dont on voit quelques traces. Cet aqueduc, qui vient du haut de la montagne, passe
sous la butte et se dirige ensuite vers le Nord-Est : il a été reconnu,
sur quelques points au moins de son long parcours. L'eau
captée provient d'une source naissant dans un petit ravin, dis-
tante de mille ou douze cents mètres : elle est dirigée vers Rochein
par un canal recouvert tantôt d'une voûte en moellons, tantôt de
grosses pierres, et assez haut, nous a-t-on assuré, pour qu'un homme
puisse y passer en se courbant un peu. L'eau y coule dans une ri-

gôle creusée en plein rocher. Sur certains points, les montants du
conduit sont en maçonnerie, comme la voûte. Outre cet aqueduc,
M. Gaillard nous assure avoir visité, en compagnie de quelques
ouvriers, une galerie souterraine dont l'entrée se trouve presque
en face de la butte, du côté du Nord-Ouest, sous un gros éclat de
granit. Ce souterrain, assez large pour que deux personnes puissent
y passer de front, présente de loin en loin, sur le côté, des ban-
quettes taillées dans le rocher ou dans le tuf. Les explorateurs n'al-
lèrent pas très loin; ils n'avaient recueilli, sur leur parcours, que
quelques débris de charbon et de briques, une serpette rongée par
la rouille, mais ne différant en rien de celles en usage aujourd'hui,
et un éperon en fer, d'une longueur démesurée.

On rencontra, à peu de distance de là, la margelle d'un puits en
maçonnerie. Ce puits a été comblé, mais beaucoup de personnes
l'ont vu à cette époque. Elles se le rappellent fort bien, et ajoutent,
cela va sans dire, qu'il s'enfonçait dans le cœur du roc et descen-
dait jusqu'à la rivière.

Une porte à plein cintre, recouverte par les décombres, existe
encore un peu au-dessous du niveau de la butte. On raconte dans
le pays qu'on a pu une seule fois ouvrir cette porte et qu'elle donne
accès dans une pièce où, derrière une table d'or massif sur laquelle
est posé un énorme chandelier, tout en or aussi, un squelette se
voit, assis dans un grand fauteuil de forme antique ... mais depuis
plus de soixante ans, personne n'a pu déblayer la porte. Tout ce
qu'on peut constater, c'est que le cintre en pierre de taille existe
bien réellement sous les décombres.

Ajoutons, pour ne rien omettre, qu'un ouvrier prétendit avoir
ramassé dans les ruines une pièce de monnaie « portant la date de
l'an mil ». On sait que les monnaies du moyen âge n'étaient point
datées : le brave homme avait certainement mal lu et il convient de
ne pas attacher d'importance à ce détail.

A une centaine de mètres au Nord de la motte de Rochein, au
point même où le chemin qui monte du moulin bifurque et où s'en
détache à droite le sentier se dirigeant vers le château, on trouve un
autre monticule en forme de cône tronqué, moins régulier que la
butte principale et d'un relief moins net, mais accusant un travail
d'une certaine importance. C'est le *Pigeonnier*. Il y avait là, soit une
tour, soit un autre ouvrage de fortification destiné à défendre l'ap-
proche du donjon. Il ne paraît pas qu'on ait découvert en cet endroit aucun objet pouvant offrir quelque intérêt.

Aucune chronique, aucune charte, nul titre ancien ne mentionne,
à notre connaissance, le château de Rochein. Comme il est hors de

doute qu'un tel fort, établi dans une semblable position et construit dès une époque fort reculée, a dû jouer un rôle notable dans l'histoire de la contrée, il faut admettre que ce château a porté un autre nom et que c'est sous cette dernière dénomination qu'on le trouve désigné dans les anciens documents.

Une seule hypothèse se présente à l'esprit et bientôt s'impose : Rochein ne saurait être que le premier fort de Laron, la tour d'où sortit une des plus grandes familles féodales du pays, cette race des *Comtors* de Laron, connue dès le x° siècle, puissante au xi° et alors l'égale des plus vieilles races nobles de l'ancien diocèse de Limoges, des Pierre-Buffière et des Lastours, des Bernard et des Escorailles, des Malefayde et des Chabrol. C'est là le château que les cartulaires de plusieurs de nos abbayes désignent dès cette époque reculée comme la principale résidence de ces chevaliers.

Le premier manoir des Laron n'a pu s'élever que sur cette montagne, dont ces seigneurs avaient tiré leur nom. C'est sur le rocher décrit aux pages précédentes, que le fondateur de leur lignée guerrière a planté l'arbre de sa race et que celui-ci a pris racine. Le Mont-Laron ne garde ni vestige ni souvenir d'un établissement féodal. L'existence d'un fort au-dessous du Bois-Laron est au contraire établie par une tradition constante et dont nous avons pu recueillir nous-même le témoignage.

La mémoire populaire atteste toutefois qu'il y eut là deux maisons seigneuriales distinctes et elle ne place pas le château de Laron sur la butte même de Rochein, mais à quelques centaines de mètres en arrière, vers le Sud, au milieu d'une châtaigneraie, en un point qu'on nous a montré, tout auprès des masures du misérable hameau de Laron. Quelques indices confirment l'existence d'un manoir dans ce lieu, et la famille Jagot La Coussière, alliée à la descendance des derniers barons de Laron, tient, de la façon la plus certaine, qu'une habitation seigneuriale s'élevait autrefois sur l'emplacement dont il s'agit : cet édifice aurait été démoli au xvii° siècle et les matériaux utilisés pour la construction du petit manoir de Saint-Julien-le-Petit; mais il est également de tradition dans la même famille et à plusieurs autres anciens foyers de la contrée, que ce château de Laron avait remplacé le fort de Rochein, beaucoup plus ancien que lui et détruit dès une date fort reculée. Tout tend à confirmer ces souvenirs, qui nous ont été très nettement exprimés par plusieurs personnes sérieuses et instruites.

Au hameau de Laron, rien ne rappelle le souci de la défense, préoccupation dominante des constructeurs du moyen âge; aucun vestige de quelque intérêt, de quelque caractère, ne frappe les yeux. Deux ou trois murs en ruines; quelques tas de pierres disper-

sées : rien de plus. Néanmoins un terrain couvert de débris, attenant
à une maison, portait naguères encore le nom de « cour du château » et l'entrée de cette cour est dénommée : « porte du cocher ».
Si un cocher est jamais passé par là, ce n'est pas assurément assis
sur son siège... Tout à côté, M. le Dr Gaillard a vu jadis une cave
d'une construction soignée et ayant appartenu à un édifice plus im-
portant que les humbles chaumières du voisinage.

Tout s'accorde donc à confirmer l'exactitude de la tradition conservée par les propres descendants des possesseurs de ce second
manoir, et si nous reconnaissons qu'un château relativement mo-
derne s'est élevé tout auprès du hameau actuel, nous considérons
comme un fait établi l'identité de la motte de Rochein avec le donjon primitif de Laron.

Ce nom de Rochein ou Rutchein, quelques paysans disent « Rutchei » — *lou chateu do Rutchei* — peut être tout simplement une
forme corrompue de la dénomination de Château-rocher, que certes
mérite bien le fort de la Maude. Mais il n'est pas impossible qu'il
conserve un écho du nom de Roger, porté par un certain nombre
de membres de la famille de Laron, et qui fut peut-être celui du fondateur de la race. De même que, au confluent de la Briance et de la
Ligoure, on disait indifféremment : « le château haut de Châlucet » ou
« le château des Bernard », « la tour des Jaunhac » (1) ou « Châlucet-
bas », on a pu appeler le fort de la Maude tantôt « la tour de Laron »,
tantôt « le château des *Roger* ». Ce dernier nom prévalut quand un
nouveau manoir eût été bâti par des barons de Laron issus d'une moins
illustre souche, à trois ou quatre cents mètres de la motte, et eût
pris à son tour, du nom de la montagne et de celui de ses maîtres,
la dénomination de « château de Laron ». Il paraît impossible
d'admettre que la construction de ce dernier édifice n'ait pas été
très postérieure à celle de la motte de Rochein. On ne saurait
admettre sans preuve l'existence, dans des temps très anciens,
de deux châteaux aussi rapprochés, et le fort de Rochein, ou
plutôt son assiette, dénote une époque très reculée : il est même
permis de penser que le *castrum* des temps mérovingiens n'avait
pas été le premier fort établi sur cette colline, et qu'avant lui le rocher en avait porté d'autres. Nul vestige précis ne permet de l'af-
firmer ; toutefois le site et l'aspect de Rochein rappellent de la façon
la plus remarquable ceux de plusieurs camps gaulois établis sur
des croupes rocheuses ou des promontoires presque entièrement
entourés d'eau.

Quatre ou cinq documents du XIIIe siècle mentionnent l'existence

(1) Aujourd'hui, par corruption, tour Jeannette.

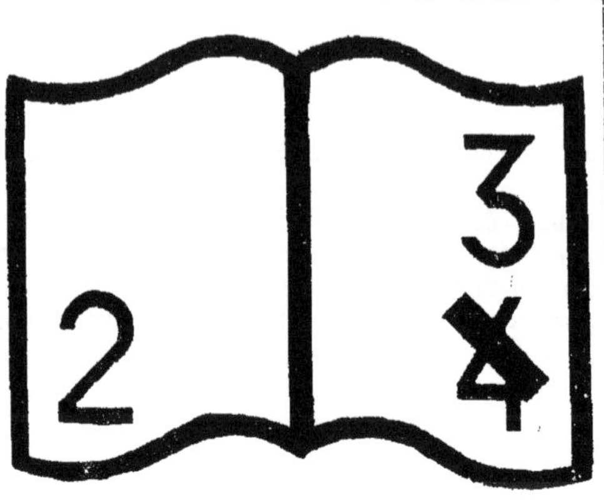

PAGINATION DECALEE

A PARTIR DE LA PAGE 2-1

d'une mesure spéciale de Laron (1). C'est là un indice sûr de l'an-
cienneté d'une juridiction.

IV

La famille de Laron aux xe et xie siècles ; Comtors et Evêques.

Le rôle des maîtres de Rochein, au cours de la période féodale
proprement dite, ne nous est révélé que par un petit nombre de
témoignages. Quand l'autorité royale affermie étend d'une façon
incontestée son action sur le pays, Laron nous apparaît comme
un centre officiel de cette action ; mais à ce moment, nous
sommes parvenus aux dernières années du xiiie siècle : l'histoire
du château touche à sa fin ; la puissance de ses seigneurs a décliné,
et la race énergique cantonnée depuis quatre siècles au moins sur
cette montagne ne compte déjà plus parmi les grandes familles de
la contrée. Et elle va bientôt s'effacer si complètement, qu'on ne saurait dire à quelle époque s'éteint la descendance directe des Roger.

Il s'en faut que l'histoire de la féodalité soit faite pour notre région. Les précieux renseignements que nous fournissent à cet égard,
pour la période antérieure au xiiie siècle, les chroniques d'Adémar
de Chabannes et du prieur de Vigeois, sont de simples jalons trop
insuffisamment reliés entre eux par les brèves indications de nos
chartes. En ce qui a trait aux chevaliers de Laron, nous devinons,
bien plus que nous ne pouvons les constater, leur action et leur
influence au lendemain même des courses et des pillages des Nor-
mands. Quelques notes historiques sur le vieux monastère de
Saint-Léonard de Noblat, tirées d'un ancien cartulaire, prouvent
qu'à ce moment ces seigneurs comptaient déjà parmi les plus puissants barons du pays. Ils commirent, comme tous leurs voisins, des
usurpations sur les domaines de l'Eglise et s'emparèrent des biens
du monastère que saint Léonard et ses disciples avaient établi, au
vi^e siècle, dans la forêt de Pavum (2), à peu de distance en aval de

___

(1) *Uno sextario avene et una emina siliginis ad mensuram de Leront,*
1259. *Sextariatas siliginis ad mensuram de Leront,* 1267 (Arch. Haute-
Vienne, D. 1089).

(2) *Dirutum a Danis Nobiliacense cœnobium, ad suum accersivere do-
minium toparchæ Leronienses, sæculis X°, XI° et XII° potentissimi* (Recueils de D. Estiennot, manuscrit latin 12747 de la Bibliothèque nationale,
p. 127).

l'endroit où la Maude se jette dans la Vienne. C'était la seule épave de quelque valeur qui fût à leur portée.

Toutes les anciennes familles eurent un prénom préféré, caractéristique, qu'on retrouve à chaque génération, porté presque toujours par l'enfant destiné à hériter des prérogatives du chef de la maison et à soutenir la fortune de sa race. Ce prénom n'a pas été arbitrairement choisi : il rappelle le souvenir d'un aïeul illustre, de celui qui a fixé la famille dans la contrée, auquel elle doit ses possessions ou son principal établissement. Après avoir le plus souvent servi pendant un certain temps de dénomination patronymique au groupe, il est religieusement conservé dans la suite et permet souvent à l'historien, au généalogiste, de suivre la lignée à travers les vicissitudes de la destinée individuelle de ses membres et sous les appellations variées que ceux-ci tirent de leurs fiefs, de leurs acquisitions, de leurs alliances successives. Nous avons dit plus haut que le prénom le plus usité et peut être le nom primitif des seigneurs de Laron était Roger. Nous ne connaissons pas moins de onze ou douze membres de cette famille qui l'ont porté du xe au xive siècle.

Réunissons les notes que nous fournissent sur les Laron les documents contemporains, et à défaut d'une généalogie complète que l'insuffisance de ces indications ne permet même pas de songer à établir, essayons de grouper autour d'un certain nombre de noms les renseignements que nous avons pu recueillir.

Roger I et Vivien. — Le nom de Roger est porté par le premier de la race qui se détache de la pénombre du moyen âge et dont nous pouvons, grâce à deux documents précis, dégager la personnalité. Roger I de Laron, *Rogerius de Leronto*, cousin d'Arbert, abbé d'Uzerche, est mentionné par le cartulaire de cette abbaye à l'époque de la mort d'Hildegaire ou Aldger, évêque de Limoges, c'est-à-dire entre 988 et 990. Ce seigneur, « homme noble et vaillant », aida et protégea la fuite des chanoines d'Eymoutiers, qui, chassés de leur monastère, se réfugièrent à Uzerche, où ils reçurent un généreux et fraternel accueil (1). Le même Roger figure, auprès de Boson de

______

(1) *Canonici Avinni (Ahenti?) Monasterii, quos Hildegarius expulerat, coacti cedere loco, a Rogerio de Leronto, nobili ac strenuo, cui periculum sibi imminens aperuerant, noctu, cum eorum supellectile, ad Arbertum, consanguineum suum, deducti...* (*Cartulaire d'Uzerche*, publié par M. J.-B. Champeval, dans le *Bulletin de la Société des Lettres, Sciences et Arts de Tulle*, année 1887, p. 404. Aux pages 536 et 537 du même volume, on trouve une relation plus détaillée des mêmes événements.

Lastours et de Gui, frère de ce dernier, au nombre des témoins
nommés à une charte que concède, en 994, Boson de la Marche au
même monastère. Il est appelé à ce document : *Rotgerius de Leron* (1). Nous ne savons rien de lui, sinon qu'il a été le père
d'Adémar I.

Il n'est pas impossible que certains actes attribués à Roger II appartiennent à Roger I. On trouvera plus bas les raisons qui nous
ont guidé dans cette attribution.

Roger paraît avoir eu au moins un frère : Vivien. C'est ce qu'on
peut induire de deux actes du Cartulaire d'Uzerche datés, le premier de 996, le second de 1003, et où ces deux personnages sont
nommés ensemble (2). Toutefois il n'est pas dit expressément que
ces deux personnes appartiennent à la famille des seigneurs de
Laron. Mais tout le fait présumer.

ADÉMAR I. — Adémar I, qui, d'après le *Nobiliaire de la généralité
de Limoges*, vit en 1004 et 1028, a sa place à la fois dans la généalogie des Laron et dans celle des Lastours. Véritable patriarche féodal,
il est la souche commune de ces deux grandes familles. Epoux
d'Aolaarz, fille unique de Gui I *le Noir* de Lastours et d'Engalcie
de Malemort, il a d'elle un fils qui renouvelle la sève de cette noble race (3). La mort d'Aolaarz survient, semble-t-il, peu après la
naissance de cet enfant. Adémar contracte avec la sœur d'Itier Chabot, depuis évêque de Limoges, un second mariage. Le fils issu de
cette union reçoit l'héritage paternel et continue la lignée des seigneurs de Laron (4). Notons qu'Itier Chabot, malgré ses possessions
en Limousin, pourrait bien appartenir à une famille poitevine, la
même qui donnera un siècle plus tard un second évêque, Sébrand,
au diocèse de Limoges.

Le chroniqueur Geoffroi de Vigeois donne à Adémar la qualification de *Comtor*. C'était, dans la hiérarchie féodale, s'il faut en

(1) *Gallia Christiana nova*, t. II, instrum., p. 190 Voyez aussi le *Cartulaire d'Uzerche*, *Bulletin de la Société des Lettres de Tulle*, année 1888,
p. 515 et 516.

(2) *Carta donationis Rotgerii et Viviani, tempore Adalbaldi abbatis*
(*Cart. d'Uzerche*, au *Bull. de Tulle*, année 1892, p. 644).

(3) *Horum filiam unicam Aolaarz accepit Ademarus lo comtors de
Laron, filius Rogerii, de qua genuit Guidonem* (Chron. Vosiense, apud
LABBE : *Nova Bibliotheca, Rerum Aquitanicarum Scriptores*, t. II,
p. 281.

(4) *Duxit uxorem sororem Iterii, episcopi Lemovicensis, de qua prodiit
progenies Larumdensium dominorum, paterna hereditate* (*Ibid.*)

croire Du Cange (1), le titre immédiatement inférieur à celui de vicomte. L'indication n'est pas absolument sûre. D'autre part, le cartulaire de Saint-Léonard désigne les Laron sous la dénomination de *toparchæ*, mot qui se traduit communément par « baron ». On verra que Laron a en effet possédé le titre de baronnie, mais au xvii° siècle, au xvi° tout au plus. Nous ne connaissons aucun texte d'une époque un peu reculée qui applique cette qualification aux chevaliers de Laron. Quoi qu'il en soit, celle de *comtor* est plusieurs fois donnée à des seigneurs de la famille dont nous nous occupons ici : à Adémar I notamment et à Roger IV dans les premières années du xii° siècle (2). Vierne, femme de Roger II, est appelée *la comtoresse*; il en est de même d'Almodis, femme de Roger IV (3). Peut-être même ce titre devint-il quelquefois un nom propre, un prénom comme cela est arrivé de *Marquis* et *Marquise*; témoins *Comptors*, épouse de Boson, vicomte de Turenne, nommée à plusieurs chartes dont la date est comprise entre 1060 et 1074 (4), et *Comptorix* de Lastours, prieure de Neuvic, dépendance de la Règle, entre 1292 et 1310 (5).

Nous parlerons plus bas de *Comptor* de Laron, femme de Jean de La Roche, damoiseau, nommé en 1336.

Du xi° au xiii° siècle, on trouve le titre de comtor porté par plusieurs seigneurs de la région. Le cartulaire de Saint-Martin de Tulle nomme, à un acte sans date, Eudes, comtor de Rilhac (6); à un autre, Béatrix, comtoresse de Chamboulive (7). Pierre, comtors de Chamboulive, figure à deux actes du cartulaire de l'abbaye de Vi-

---

(1) *Comitores, apud Catalanos (Ruthenos et Gabalos), dicuntur qui, in ordine militiæ seu vassalatus, post vicecomites et ante vavassores recensentur in actis antiquis.* — La *Grande Encyclopédie* Berthelot, en cours de publication, réédite cette définition. On voit qu'il y avait des *comtors* dans le diocèse de Limoges, comme dans les régions plus méridionales.

(2) *Rotgerius, comtor de Lerunt* (Recueil Gaignières, t. CLXXXIII-CLXXXIV, p. 130.

(3) *Cartulaire du prieuré d'Aureil*, aux Archives de la Haute-Vienne, série D, n° 656, fol. 30, 64, etc.

(4) *Boso, Vicecomes de Torena, cum uxore mea nomine Comptors, damus... Comptors, uxor Bosonis de Torenna (Cartulaire d'Uzerche*, au *Bull. de Tulle*, année 1891, p. 116 et 244).

(5) Archives de la Haute-Vienne, fonds de la Règle.

(6) Publié par M. Champeval, dans le *Bulletin de la Société scientifique et historique de Brive*.

(7) *Bulletin de la Société scientifique et historique* de Brive, année 1892, p. 179.

geois, entre 1060 et 1110 (1). Le Cartulaire d'Uzerche nomme, vers 1074, Pierre, comtor de Terrasson ; Gérald, comtor lui aussi de Terrasson, et les frères de ce dernier, Bernard et Pierre, comtors (2). On connait, par une charte de Bénévent, Aldebert, comtor de Gargilesse (3); par les *Tables* de Saint-Cybard d'Angoulême, les comtors de Lugeras (4). Ajoutons que Pierre I, abbé de Vigeois, est frère du comtor de Mirabel. Le texte le plus récent qui donne ce titre à un membre de la famille de Laron, est de 1336.

Revenons à Adémar, dont nous a un peu éloigné cette digression. A aucun des articles qu'il consacre aux Laron (5), le *Nobiliaire de la généralité* ne nomme les enfants issus du mariage d'Adémar avec la sœur de l'évêque Itier : dans l'inextricable généalogie des Lastours que propose cet ouvrage, un seul de ces enfants est mentionné : Gérald (6), et nous ignorons d'après quel document.

La généalogie des Laron offre plus de difficultés encore que celle des Lastours. Nous indiquions plus haut des incertitudes au sujet de Roger I; il n'en existe pas de moindres touchant son fils. On peut se demander par exemple quel est l'Adémar de Laron qui, en 1052, prend part, avec les plus grands personnages de la région, au choix d'Itier Chabot en qualité d'évêque de Limoges. Le nom de ce chevalier figure (7), auprès de ceux du comte de Poitiers, du vicomte de Limoges, de Gérald et de Gaucelin de Pierrebuffière, au bas d'une lettre écrite à l'archevêque de Bourges pour notifier ce choix au métropolitain : on serait donc porté à reconnaître ici le gendre de Gui le Noir de Lastours, le beau-frère du prélat élu ; mais

(1) Publié par M. H. B. de Montégut au t. XXXIX du *Bulletin de la Société archéologique et historique du Limousin*, p. 26 et 89. L'éditeur du cartulaire émet à ce sujet l'opinion que le titre de *comtor* était purement honorifique et « qu'il désignait, parmi les membres d'une nombreuse famille de grands seigneurs féodaux, l'un d'entre eux d'une manière particulière ». Nous ne saisissons pas bien la pensée de M. de Montégut. Mais la citation qu'on trouve ci-dessous (note 2) semble renverser sa théorie.

(2) *Petrus, comptors de Terracio... Geraldus, comptor de Terrasso; fratres ejus, Bernardus et Petrus, comtor.* (*Bull. de Tulle*, année 1891, p. 240, 241, 244.

(3) Recueil Gaignières, t. CLXXXIII-CLXXXIV, fragments du Cartulaire de Bénévent-l'Abbaye.

(4) Du CANGE, au mot *comitor*.

(5) T. III, p. 36 et 461.

(6) T. III, p. 41.

(7) *Ademar Larondensis* (*Cartulaire de Saint-Etienne de Limoges*, au manuscrit latin n° 9193 de la Bibliothèque nationale, recueil de D. Col. p. 231, 232.

la date de cette lettre est postérieure de près d'un demi siècle à la première mention du même Adémar signalée par le *Nobiliaire*, et lors de cette première mention, Adémar est déjà l'époux de l'héritière des Lastours.

Marbode ; Gérard I, son fils ; son petit fils, Jourdain, évêque. — Vingt-neuf ans avant la date de l'élection d'Itier, il s'était produit un événement qui doit nous donner une haute idée de la puissance des maîtres de Laron, de leur situation dans la contrée, et du crédit acquis par eux auprès de la noblesse du diocèse. Le siège épiscopal de Limoges, occupé depuis de longues années par des prélats de la famille des comtes de Poitiers ou de celle des vicomtes de Limoges, devint vacant par la mort de Gérard I. Le choix du nouvel évêque paraissait devoir donner lieu à de vives compétitions ; les plus grandes familles du pays se disputaient l'honneur et l'avantage de faire monter un de leurs membres sur le siège de saint Martial ; on pouvait craindre que l'argent ne jouât un rôle dans l'élection. Le duc d'Aquitaine convoqua à Saint-Junien, au mois de janvier 1023, une nombreuse assemblée de seigneurs et d'ecclésiastiques afin de pourvoir à la vacance. Les suffrages du duc et des assistants, qui paraissent, au surplus, avoir confirmé le vœu du clergé et du peuple, se portèrent sur un Laron : Jourdain, prévôt du monastère de Saint-Léonard de Noblat, relevé par lui de ses ruines et où il avait, dit-on, rétabli la régularité. C'était, au témoignage d'Adémar de Chabannes, son contemporain, un homme de grande noblesse et de haute vertu (1). Son élection néanmoins ne fut pas exempte de reproches : la protection du duc, les sollicitations et l'influence des Lastours et des autres familles alliées aux Laron y eurent sans doute trop de part. Aussi l'épiscopat de Jourdain fut-il jusqu'à la fin troublé par d'incessantes discordes, et lui-même, instruit par une pénible expérience, essaya-t-il d'assurer au clergé le libre choix de son successeur en mettant le siège de Limoges à l'abri des entreprises du duc d'Aquitaine et des barons. En 1045, Guillaume V étant venu dans le pays pour chercher à y rétablir la paix, le prélat obtint de lui qu'il s'interdît expressément d'imposer un évêque contre le choix du chapitre cathédral et sans le consentement des nobles

---

(1) *Post mortem Gerardi episcopi, decertabant principes Lemovicenses pro episcopatu, cum simoniaca hœresi pontificatum vindicare conati... Dux apud sanctum Junianum placitum habuit ex hac causa... Adfuit ibi Wido vicecomes et omnes principes Lemovicini. Ibi, Dei nutu, elegit in episcopatus honore Jordanum, prepositum sancti Leonardi, magnœ nobilitatis et simplicitatis virum.* (*Chron. Ademari*, ap. Labbe, t. II, p. 180).

qui tenaient deux des principaux fiefs du domaine temporel du chef
du diocèse (1). Ce solennel engagement fut violé peu d'années plus
tard. Toutefois, la famille de Laron n'eut point à s'en plaindre, puisqu'à Jourdain succéda Itier Chabot, beau-frère, comme on l'a vu,
d'Adémar I.

L'archevêque de Bourges avait refusé de reconnaître l'élection
de Jourdain : celui-ci dut, pour obtenir la levée de l'interdit lancé
contre lui, se rendre pieds nus auprès de son métropolitain : cent
prêtres ou religieux de son diocèse l'accompagnaient.

Bien qu'il fût prévôt de Saint-Léonard lors de son élévation à
l'épiscopat, le successeur de Gérard I, n'était encore que simple
clerc et n'avait pas reçu les ordres; on les lui conféra quelques se-
maines après son élection, à Saint-Jean-d'Angély, où il fut sacré par
l'évêque de Saintes, coadjuteur de l'archevêque de Bordeaux (2).

Jourdain de Laron mourut le 29 octobre 1051, et fut enseveli,
comme la plupart de ses prédécesseurs, à Saint-Augustin, monastère
situé aux portes de la ville épiscopale. Ce prélat avait fait, en compagnie du comte de Poitiers et d'Isembert, évêque de cette ville, un
pèlerinage à Jérusalem. Son départ pour les lieux saints eut lieu
peu après la consécration de l'église d'Arnac-Pompadour (juillet
1028). Le chroniqueur Adémar nomme parmi les barons qui assis-
taient à cette cérémonie, Gui de Lastours et son gendre, Adémar
de Laron. (3).

Plusieurs chartes de l'évêque Jourdain nous ont été conservées.
Mentionnons celle de 1027, relative à la concession, à l'abbaye de
Saint-Martial, de l'église de Saint-Denis-des-Murs (4), et celle de
1050, par laquelle le prélat donne à l'église cathédrale et au chapitre de Saint-Etienne, la grande tour de Châteauneuf — ou du château
neuf — le donjon ou la fortification sur laquelle cette tour s'élève,
les maisons et airages dépendant de la part du prélat, le pré d'en
haut, auprès de la fontaine ; la forêt de Serre, la quatrième partie
de la chapelle de Saint-Michel et de Saint-Quentin, toute la terre
qui dépend de cette chapelle et qui est du ressort de Curzac. Nous
aurons à revenir sur ce document. Constatons seulement que le

(1) Les chevaliers de Noblat et de Nieul. V. *Gallia Christiana nova* t. II,
instrum, col. 172.

(2) *Chron. d'Adémar*, ap. Labbe, t. II, p. 180.

(3) *Ibid.* p. 181, et *Chron. de Vigeois*, Labbe, t. II, p. 283.

(4) A. LEROUX, E. MOLINIER et A. THOMAS : *Documents historiques
concernant la Marche et le Limousin*. Limoges, Vᵉ Ducourtieux, 1883 et
1885, t. II, p. 14.

donateur distingue avec soin, parmi les biens faisant l'objet de cette libéralité, ceux qui proviennent « de son alleu héréditaire », et ceux qu'il tient, en fief sans nul doute, de la munificence du comte de Poitiers (1).

Jourdain n'était ni le fils ni le petit fils de Roger. Il appartenait à une branche collatérale, dont trois générations sont nettement indiquées à la charte relative à la donation faite par lui à son église, « pour le salut de son âme, de l'âme de son père Gérald, de celle de sa mère Odolgarde, de celles de son aïeul Marbode et d'autre Odolgarde, épouse de celui-ci. » (2). Ajoutons qu'on trouve Odolgarde ou Adalgarde, mère de Jourdain, s'associant en 1027 à une de ses libéralités en faveur du monastère de Saint-Martial.

C'est donc à tort que le *Nobiliaire* de Nadaud fait de l'évêque le frère du *comtor* Adémar (3). On sait, par le témoignage précis des chroniques, que ce dernier était fils de Roger, et non de Gérald.

Roger II, père de Gérald II, d'Adémar II, de Gui et de Gérald III. — Il est peu vraisemblable que Roger de Laron, mari de Vierne et père de Gérald, d'Adémar, de Gui et de Gérald, nommé en 1029, 1036 et 1048, soit le même que le premier Roger dont l'existence nous est connue dès 988.

La mention de 1029 se trouve à un des *Cartulaires de l'Aumônerie de Saint-Martial de Limoges*. La femme et deux des fils seulement

(1) Besly : *Histoire des Comtes de Poitiers*, p. 364. Voir aussi *Gallia Christiana nova*, instr. col. 179. Voici le passage de ce document sur lequel nous appelons ici l'attention :

Ego Jordanus, Dei gratia Lemovicæ sedis episcopus... de meo alodio quod hereditario mihi successit, dono atque concedo sancto Stephano, ad sedem Lemovicæ civitatis, et ad canonicos ejusdem sedis, in alodum, in communia ad canonicos... scilicet castello (sic) novo turrem superiorem et domniono ubi sedet, et domos et illas pleiduras quæ ad meam pertinent divisionem, pratnm superiore (sic) ad fontem, silvam quæ dicitur Serra, quartam partem capellæ S. Michaelis et S. Quintini cum omni terra quæ ad capellam pertinet, curtæ de Cursates, sicut est de fevum comitis Pictavensis : ipse Willelmus comes totum illum fevum dedit mihi in alodum extra episcopalum.

(2) *Pro remedio animæ meæ, parentumque meorum Marbodi et Odolgarde, uxoris ejus, et patri (sic) meo Geraldo et uxore sua Odolgarde* (*Gallia christ. nova*, t. II, instr. col. 179). Le texte de cette charte, publiée par Besly, se trouve, avec quelques différences, à la copie du *Cartulaire de Saint-Etienne*, insérée aux recueils de D. Col, man. lat., n° 9193, p. 145.

(3) *Nobiliaire*, t. III, p. 36, 461.

de Roger s'associent à la donation qu'il fait à cet établissement (1).

Au mois de juillet 1036, Gui et Geoffroi, vicomtes de Limoges, et leurs frères Adémar et Bertrand, donnent l'église de La Faye, près La Mongerie. avec ses dépendances, à l'abbaye d'Uzerche. Les deux prmières personnes dont les noms figurent, après ceux des donateurs, au bas de l'acte, sont Roger de Laron et son fils Adémar (2), Gui de Latour (ou de Lastours ?), Bernard Chabrol et Bernard de Bré viennent ensuite.

Au mois de septembre 1048, Roger II à son tour donne au même monastère l'église de Millevaches. Ses quatre enfants sont désignés au texte de cette donation (3). Il est dit à l'acte que le seigneur de Laron abandonne à l'abbaye tout ce qu'il possède en alleu dans cette localité : *cum omni alodo meo qui in ipso loco est.*

Le mari de la fille de Roger, Hugues de Barmont, reprit aux moines d'Uzerche, l'église de Millevaches : mais dans la suite, vers 1085, la fille d'Hugues, Pétronille, la restitua à l'abbé Gérald (4).

Il serait plus que téméraire d'identifier le Roger de 1036 et 1048 avec celui de 988 qui, à cette date, n'est point un enfant, semble même n'être plus un jeune homme, vu le rôle joué par lui dans l'épisode de la fuite des chanoines d'Uzerche ; il est peu vraisemblable qu'une mention du Cartulaire d'Uzerche, sous la date de 1025, se rapporte à Roger I. L'acte où elle se rencontre a trait à la donation, par Gui, vicomte de Limoges, de Tourtoirac à ce monastère ; il y est dit que Gui a été déterminé à cette libéralité par les conseils ou les prières de plusieurs de ses « fidèles ». Ces fidèles sont nommés et au premier rang figurent Roger de Laron, Gui de Lastours et Bernard Chabrol (5). C'est à notre connaissance le seul

---

(1) *Rotgerius de Laron, uxor mea Vierna et filii nostri Ademarus et Geraldus.* (A. Leroux, E. Molinier et A. Thomas : *Documents historiques,* t. II, p. 12.)

(2) *Rotgerius de Leront et Ademarus, filius ejus (Bull. de Tulle* année 1892, p. 166).

(3) *Rotgerius de Leron... donavit ecclesiam vocatam Millevaccas... Geraldus, filius Rotgerii, clericus; alii quoque filii ejus : Guido de Leron, et Ademarus de Leron, et G[eraldus] qui hoc donum perhibuerunt.* Outre cette notice, on trouve au Cartulaire d'Uzerche le texte de la charte même : *Ego, in Dei nomine, Rotgerius de Leron, pro anima mea et pro animabus omnium parentum meorum,* etc. La charte donne en toutes lettres le nom de *Geraldus.* (*Cartulaire d'Uzerche,* publié par M. J.-B. Champeval au *Bulletin de la Soc. des sciences, lettres et arts de Tulle,* année 1893, p. 158.

(4) *Cartulaire d'Uzerche.* (*Bull. de Tulle,* année 1893, p. 159).

(5) *Hortantibus fidelibus nostris Rotgerio de Leron, Guidone de Turribus,* etc. (*Bull. de la Soc. de Brive,* 1888, p. 517, 519).

document ancien dont les termes sembleraient impliquer un lien de vassalité entre les seigneurs de Laron et les vicomtes de Limoges.

Parmi les mentions, fournies par divers cartulaires, qui peuvent avoir trait aux enfants de ce Roger, citons celle de la présence de Gui I de Laron à une concession faite par Hugues de Corpson au monastère de Tulle, entre 1053 et 1084 (1) ; celles de l'intervention d'Adémar II, à un acte d'une date peu différente de la précédente, consacrant une libéralité faite par le vicomte Adémar de Limoges à l'église cathédrale (2), et de sa présence à une donation du vicomte Archambaud II (?) de Comborn et de son frère Bernard au monastère d'Uzerche en 1061 (3) ; une autre relative à Adémar de Laron et à son frère Gui, et antérieure à 1052. Cette dernière se trouve aussi à une charte de l'église de saint Etienne (4).

Leur frère Gérald II est peut-être celui qui, vers l'an 1040, intervient à un acte du *Cartulaire d'Uzerche* (5) ; un Gérald de Laron, le même sans doute, donne entre 1073 et 1086, peu de temps avant sa mort probablement, au monastère de Tulle et à l'église de Saint-Jacques d'Altoir, le jour de la dédicace de cette dernière, un mas de la villa de Champeix, paroisse de Tarnac (6). Baluze fait toutefois de ce Gérald le fils d'Adémar I (7).

On trouve le nom d'Adémar de Laron à une charte de l'Aumônerie de Saint-Martial, au temps de l'abbé Pierre (Pierre I, de 1040 à 1048 ou 49, — ou Pierre II, mort en 1063), à l'occasion de l'abandon de redevances assises en la paroisse de Saint-Genest (8). Un seigneur du même nom figure comme témoin à une charte d'Uzerche, peu après 1036. On peut y reconnaître indifféremment ou le fils du premier Roger ou le fils du second ; mais c'est à coup sûr à Adémar II que se rapporte une autre mention du cartulaire de la même abbaye, placée par l'éditeur entre 1061 et 1064 (9).

(1) *S. Widoni (sic) de Leron. Bull. soc. Brive*, 1891, p. 457).

(2) *Aemar Leron (Cartulaire de Saint-Etienne*, man. lat., 9193, p. 129).

(3) *Cartulaire d'Uzerche (Bull. de Tulle*, année 1892, p. 347).

(4) *S. Ademari de Laron et fratri (sic) sui Guidoni (sic)*. (man. lat. 9193, p. 141.).

(5) *Geraldus de Leron (Bull. de Tulle*, 1888, p. 654).

(6) BALUZE, *Historia Tutelensis*, p. 475, 476 et *Cartulaire de Tulle (Bull. de Brive*, année 1892, p. 348).

(7) *Ademari istius item filius fuisse videtur Geraldus de Leron. (Ibid*, p. 139).

(8) LEROUX, MOLINIER et THOMAS : *Documents historiques*, t. II, p. 11.

(9) *Bulletin de la Soc. de Tulle*, 1888, p. 104, 652, etc.

Roger III, Gérald IV et Gui II, enfants de Gérald II. — Nous ne savons pas si Adémar II eut des enfants ; Gui I paraît avoir eu au moins un fils, du nom d'Olivier, et c'est probablement à eux que se rapporte un memento extrait d'un nécrologe et mentionnant l'inhumation de deux personnages de ce nom, le père et le fils, dans l'église d'Arnac Pompadour (1).— Le Cartulaire de Tulle établit avec certitude que Gérald II, bienfaiteur de l'église d'Altoir, eut au moins trois fils : Roger III, Gérald IV et Gui II. Les difficultés qu'avaient suscitées ces seigneurs au monastère à l'occasion de la libéralité faite par leur père, furent terminées par un accord, sous la date 1121 (2). Vers 1108, Roger III avait confirmé à l'abbaye d'Uzerche le don jadis fait au monastère par son aïeul, Roger II, de l'église de Millevaches (3). Nous avons dit que cette église, reprise à Uzerche par le gendre du donateur, avait été rendue à l'abbaye par la petite fille de ce dernier.

On voit que les enfants, après la mort de leurs parents, ne se conformaient pas toujours aux volontés dernières qui leur avaient été exprimées. Gérald II de Laron possédait à titre allodial un mas appelé le Fraise : Etienne Foucher, à qui appartenait la moitié de ce mas ou tout au moins la moitié des fruits, avait abandonné ses droits aux chanoines d'Aureil. Gérald consentit de son côté à leur céder les siens. Il semble que cette fois encore les fils du chevalier n'aient pas laissé les hommes de Dieu jouir en paix des libéralités de leur père. Néanmoins ils vinrent bientôt à résipiscence, se rendirent à Aureil et déclarèrent devant la communauté, en plein chapitre, qu'ils confirmaient le don de ce mas et les autres concessions de leur père (4). L'acte est du second quart du xii⁰ siècle.

Parmi les noms des témoins de la donation de l'église de Vigou-

(1) *Guido de Leron et Oliverius, filius ejus, Arnaco sepeliuntur* (Bibl. nat. man. latin 12746, p. 673).

(2) *Rotgerius de Leron et fratres sui, Geraldus et Guido, calumniabant unum mansum qui vocatur Bassol de Campeils, qui est in parrochia de Ternat, quem pater eorum dederat sancto Martino et Sancto Jacobo de Altoire* (BALUZE : *Historia Tutelensis*, p. 475, 476, et *Cartulaire de Tulle*, Bull. de Brive, 1892, p. 349).

(3) *Cartul. d'Uzerche. Bull. de Tulle*, 1893, p. 163.

(4) *Mansum qui vocatur li Fraises fuit alodium Geraldi de Larunt, et Stephanus Fulcherius habebat medietatem in illo. Qui Stephanus voluit eum dare Sancto Johanni... Geraldus donavit similiter hoc quod habebat... Et postea Rotgerius de Larunt et Geraldus, frater ejus, venerunt in capitulo et concesserunt hoc donum et omnia dona que fecerat pater eorum, coram omnibus fratribus. (Cart. d'Aureil, fol. 62).*

lent au monastère de L'Artige (1093), on relève celui de Pierre de Laron (1). Nous ne savons à quelle branche de la famille rattacher ce personnage. 1093.

Gui, évêque. — On a vu qu'à Jourdain de Laron avait succédé, sur le siège épiscopal de Limoges, Itier Chabot, beau-frère du *comtor* Adémar. L'administration d'Itier dura vingt-un ans. A sa mort, ce fut encore un membre de la famille de Laron qu'on désigna pour lui succéder. Gui de Laron, élu peu après le 9 juillet 1073, était-il le Gui que nous avons vu figurant à un acte antérieur à 1052 et à un autre de peu postérieur à 1053 ? Etait-il le fils de Roger II et de Vierne ? Rien d'inadmissible à cette hypothèse, que paraît avoir acceptée le P. Bonaventure de Saint-Amable, l'historien de saint Martial. Il semble toutefois plus probable que le prélat appartenait à une autre branche, à celle qui avait déjà donné, un demi-siècle auparavant, l'évêque Jourdain à l'église de Limoges. Gui est dit neveu de ce dernier à la chronique du prieur de Vigeois (2), et il résulterait, d'autre part, d'un passage de l'*Histoire de Tulle*, de Baluze, qu'il était fils d'Adémar I, petit fils par conséquent du premier Roger (3). Nous ne connaissons qu'une seule mention antérieure à l'élévation de Gui à l'épiscopat où il soit permis de le reconnaître avec une entière certitude : on la relève à l'analyse d'une donation faite par Gaucelin de Pierrebuffière à l'abbaye du Tulle, en présence d'Archambaud, vicomte, et de « Gui de Laron, qui dans la suite devint évêque (4). »

A Adémar, père du prélat, pourrait se rapporter l'une au moins des mentions qui figurent plus haut et que nous avons attribuées à Adémar II, fils du second Roger.

L'évêque Gui de Laron eut une administration assez active ; il prit part à l'établissement de plusieurs monastères, de ceux entre autres de Meymac et de Bénévent. Sous son épiscopat, Cluny poursuivit ses conquêtes dans le diocèse de Limoges, et ses religieux s'établirent à l'abbaye de Beaulieu, comme ils s'étaient peu auparavant installés à Saint-Martial. La ville de Limoges fut assiégée vers 1082 par Gui Geoffroi, comte de Poitiers (5).

(1) Archives de la Haute-Vienne, D, 972.
(2) Ap. Labbe, *Rerum Aquitanicarum scriptores*, t. II, p. 281.
(3) P. 139.
(4) *Coram Archambaldo, vicecomite, et Guidone de Leron, qui postea fuit episcopus.* (*Bull. de Brive*, 1889, p. 162),
(5) A ce siège se rapporte une ligne du *Cartulaire d'Aureil* : *Quando Comes Pictavensis obsedit Lemovicensem pontem super pontem Alsete* (fol. 49r°). Ce texte, assez obscur du reste, renferme la plus ancienne mention qui nous soit connue du vieux pont Saint-Martial.

On sait peu de chose de ce siège et des évènements qui amenè-
rent Gui-Geoffroi sous les murs de la ville : on a supposé, non sans
raison, que cette expédition avait été provoquée par une révolte
des bourgeois contre le vicomte Adémar II (1). L'évêque Gui, qui
avait eu à souffrir du voisinage d'Adémar, mourut entre le 3 février
et le 1er mai 1086 (2), — le 24 janvier 1086, suivant l'abbé Nadaud.
Il fut enterré dans sa cathédrale. C'était le premier évêque de
Limoges qui y eût reçu la sépulture. L'abbé de Saint-Augustin,
dont l'église possédait les restes de la plupart des successeurs de
saint Martial, invoqua le droit qu'une coutume antique et respec-
tée semblait lui conférer ; il obtint que le corps du prélat fût
exhumé et transporté dans son monastère, auprès des autres évêques de Limoges.

V

Chevaliers et dames de Laron au douzième siècle et au commencement du treizième

Au xiie siècle, la généalogie des chevaliers de Laron n'est pas
beaucoup plus claire qu'au siècle précédent, et elle ne nous paraît
pas, en l'état actuel de nos connaissances, pouvoir être établie avec
quelque certitude. Nous nous bornerons à signaler, dans l'ordre
chronologique, en y joignant les références indispensables, quelques noms et quelques faits.

VIERNE, FEMME DE ROGER. GÉRALD IV. JOURDAIN. GUILLAUME. — Au
temps de saint Gaucher, fondateur et premier supérieur du monastère d'Aureil, mort en 1140, une dame de Laron, Vierne ou Iverne
« la comtoresse », fait un don à ce prieuré, avec l'assentiment de son
seigneur, Roger, et de ses enfants (3). Roger est, selon toute appa-
rence, le fils de Gérald et le frère d'autre Gérald et de Gui dont

(1) Consulter la très remarquable *Histoire de Guillaume IX, duc d'Aquitaine*, par M. Palustre, publiée dans les *Mémoires de la Société des Anti-
quaires de l'Ouest*.

(2) Voir une note d'Auguste Bosvieux à la page 3 du texte de la *Vie de
saint Geoffroi du Chalard* (Guéret, Dugenest), 1858.

(3) *Dominam quandam de Laront, scilicet Viernam, que vulgariter
vocabatur Comtorissa... assensu et voluntate domini sui, Rotgerii de
Larunt et filiorum*, etc. (*Cartul. d'Aureil*, fol. 65 recto et 74).

nous avons parlé plus haut et que nous avons vu transiger en 1121 avec les religieux de Saint-Martin de Tulle. Quant à Vierne, qui donne un mas à saint Gaucher, et stipule que ce mas, sis sur le territoire de Roziers, sera appelé de son nom : *Mas de la Comtoresse* (1), on la voit prendre plus tard le voile à Bost-las-Monjas, couvent de femmes placé sous la direction du prieur d'Aureil, et elle meurt dans ce monastère.

Nous n'osons pas identifier avec Gérald IV, frère de Roger III, le Gérald de Laron qui vit au temps de saint Gaucher et fonde, durant sa dernière maladie, un anniversaire à Aureil, où il entend que son corps repose en attendant le réveil suprême. La célébration de cet anniversaire doit être accompagnée d'un repas donné aux chanoines. L'identification proposée semble toutefois assez admissible. Quoi qu'il en soit, le fils du testateur, lequel porte aussi le nom de Gérald, n'étant pas en mesure d'exécuter les volontés de son père, ou trouvant peut-être le prix de l'anniversaire et du repas trop élevé, entre en composition avec le chapitre, et sous le second prieur, Guillaume, fait une fondation pour le luminaire de l'autel de Saint-Michel à Châteauneuf (2).

Un texte du Cartulaire d'Uzerche nous fait connaître l'existence de Jourdain de Laron, chevalier, qui, à la date du 31 août 1122, est témoin à la confirmation des lettres données au monastère par Arnaud, archevêque de Bordeaux (3). Ce Jourdain pourrait être le même que celui nommé en 1159 et 1166 au Cartulaire d'Aureil (4).

Parmi les mentions, peu nombreuses du reste, de seigneurs du diocèse de Limoges qu'on trouve aux chartes des monastères poitevins, nous en avons noté une relative à Guillaume de Laron, témoin à une donation reçue en 1112 par l'abbaye de Saint-Cyprien de Poitiers (5).

Nous ne connaissons pas d'autre document où se trouve nommé ce personnage.

ROGER IV ET ALMODIS. ROGER V, LEUR FILS. ITIER, ROGER VI LE BAILE ET HUGUES, FILS DE CE DERNIER. — Un texte du cartulaire du prieuré de Bénévent nous montre la famille de Laron possessionnée, dès les premières années du XIIe siècle, dans la Haute-Marche où elle avait

(1) *Dedisse mansum unum a Rosier... quem mansum a vulgari nomine suo voluit appellari Mansus Contorisse* (fol. 74).

(2) *Geraldus de Laruntz*, fol. 28 recto, 33 r°, 40 v°.

(3) *Jordano de Leron, milite* (*Bull. de Tulle*, 1888, p. 104).

(4) *Audientibus... Jordano de Larunt. .* (fol. 53 r°, 81 r°).

(5) *Willelmus de Larund* (*Archives historiques du Poitou*, t. III, p. 306).

déjà des alliances, avec les Barmont notamment. Sous l'épiscopat d'Eustorge (1106-1137) et l'administration d'un prieur du nom de Géraud, qui ne peut être que Géraud I, remplacé avant 1130, c'est-à-dire dans le premier tiers du siècle, Roger, comtor de Laron, délivre à la communauté de Bénévent des cabanes — *casamenta* — vraisemblablement destinées aux colons des religieux : ces derniers ne doivent les acquérir qu'à certaines conditions. Almodis, femme de Roger, et Roger, leur fils, donnent leur consentement à cette cession (1).

On ne peut guère admettre que l'époux de Vierne et l'époux d'Almodis soient un seul et même personnage. Vierne, qui est nommée à une charte de 1101, aurait été la première femme de ce seigneur, la même qualité n'étant donnée à Almodis qu'au moins un quart de siècle plus tard. Or nous savons que Vierne a pris le voile dans l'asile ouvert aux vierges et aux veuves par le fondateur d'Aureil : elle doit donc avoir survécu à son mari. Il suit de là que l'époux d'Almodis est un autre Roger. Celui-ci n'a pas précédé sa femme au tombeau. Almodis est morte avant lui, a été enterrée à Aureil, et son mari a fait une fondation pour le repos de son âme (2).

Roger IV est sans doute le « R. de Leron » témoin à une charte souscrite à Peyrat, au temps de l'évêque Eustorge, en faveur de l'abbaye de Tulle (3) et le *Rotgerius de Larunt* nommé à une charte du comte Aldebert de la Marche, relative au prieuré de Blessac (4).

Le fils de Roger de Laron et d'Almodis se nommait Roger comme son père : on l'a vu mentionné auprès de celui-ci à la charte de Bénévent. Il faut l'identifier avec Roger-le-Jeune — *Rotgerius minor de Larunt* — plusieurs fois désigné au Cartulaire d'Aureil. Il avait épousé la fille de Hugues de La Tour — *de Turre* — (5) probablement un seigneur de la Tour Saint-Austrille. Nous trouvons Roger V, sous le priorat de Siméon, c'est-à-dire entre 1184 et 1196, abandonnant à la communauté de Bénévent les droits qu'elle réclamait sur les hommes de Vieilleville. A cette concession sont présents les trois

____

(1) *Rotgerius, comtor de Lerunt, dedit casamenta acquirenda in manu Eustorgii, episcopi Lemovicensis, et Geraudi prioris. Concesserunt idem uxor Almodis et Rotgerius, filius eorum, in manu Bertrandi de Sancto Eligio.* (Bibl. nat. Recueil Gaignières, t. CLXXXIII-CLXXXIV. p. 130).

(2) *Rogerius de Larunt, pro anima Almodis, uxoris sue, que ibi fuit sepulta* (*Cart. d'Aureil,* fol. 25 et 26).

(3) *Bull. de Brive,* année 1887, p. 139.

(4) *Cartulaire de Blessac,* aux Archives du dép. de la Creuse, n° 66.

(5) *Rogerius minor de Larunt, qui habebat filiam predicti Hugonis de Turre* (*Cartul. d'Aureil,* fol. 25, 26 v°.

fils du donateur : Itier, Roger surnommé *le Baile* et Hugues (1).
Nous voyons ailleurs le même personnage, de concert avec le seigneur de laTour, son beau-père ou son beau-frère, terminer une
affaire analogue avec le prieur Siméon. L'analyse d'une autre charte
de la même époque nous révèle qu'Etienne Trancheserpent (2) réclamait certains droits, paraissant de même origine, du chef de sa
femme Osiria : peut-être celle-ci appartenait-elle à la maison de
Laron ; mais c'était plus probablement une sœur ou une tante de la
femme de Roger. Ajoutons qu'une de ces chartes est datée de la
Maison d'Epaigne, déjà occupée à cette époque par les *Bonshommes*
de Grandmont. L'auteur de l'*Histoire des ordres religieux*, Helyot,
s'est donc trompé en écrivant que ce petit monastère fut donné en
1224 seulement aux disciples de saint Etienne de Muret (3).

Le nom de Roger de Laron revient assez souvent dans les chartes
de l'abbaye de Bonlieu, en Haute-Marche. Ces mentions appartiennent aux quinze dernières années du xii⁰ siècle et se rapportent
certainement à Roger V ou à son fils Roger VI *le baile*. L'une d'elles
est datée de 1186 et a trait au don d'un pré que ce seigneur fait aux
religieux ; il leur abandonne, en 1193, ses droits sur une borderie
près de Jarnages, puis leur concède le parcours et le passage sur
ses terres pour les animaux du couvent. On le trouve enfin témoin
à des chartes de donation de 1196 et 1198 (4).

(1) *Rotgerius de Laront et filii ejus, Iterius, Rogerius lo Bailes, Ugo,
solverunt quod quærebant in hominibus de Vela Villa, in manu Simeonis,
prioris, in domo Hispaniæ Bonorum. Hominum Grandimontis, audientibus Willelmo de Caern et Rainaldo La Chesa de Laron. Iterum eandem
querelam soloit Rogerius de Laron et dominus de Turre, et aliarum rerum apud Rastoil, in manu prœdicti prioris, audiente G. de Garact,
archipresbitero. Item Stephanus Trenchaserp, qui quœrebat los forchacp-
chas* de Larondes, propter uxorem suam Osiriam, in manu Simeonis prioris, audientibus Ugone Vigers, canonico, Gosberto Trenchaserps, Vilano
de Druliis (Cartulaire de Bénévent, ap. Gaignières t. CLXXXIII-CLXXXIV,
fol. 92 ..... Rogerius de Laront dedit omnes forschapches de terra,
quandiu in terra S. Bartholomœi manere voluerint, in manu Simeonis
prioris (Ibid.)*

(2) Voir la note qui précède. *Trencheserp.* Ce nom nous est déjà connu ;
nous avons signalé Jaubert Trancheserpent dans notre *Etude sur la commune de Saint-Léonard au xiii⁰ siècle* (p. 164).

(3) Nous avons reproduit cette indication dans la notice sur la celle
d'Epaigne qui figure à notre *Histoire de la destruction de l'ordre et de
l'abbaye de Grandmont*, p. 850. Epaigne est aujourd'hui sur le territoire de
la commune de Sauviat, canton de Saint-Léonard.

(4) *Cartulaire de Bonlieu* : copie d'Auguste Bosvieux, conservée aux
Archives départementales de la Creuse, p. 169, 170, 171, etc.

(*) *Foriscapium, laudimium quod domino pro facultate alienaudi feudi conceditur* (Du Cange).

Plusieurs documents du Cartulaire d'Aureil remontant à la même époque nomment Hugues de Laron. Ce seigneur fait, en 1190, une libéralité au monastère, et un de ses écuyers, Pierre de Saint-Priest, suit la même année son exemple. Notons que F. Ferrachat, chapelain ou curé de Laron, est témoin au premier de ces actes, et P. Major, curé de Peyrat, au second (1). Ce même Hugues, nommé soit seul, soit en compagnie d'un A. de Laron (Adémar?) que nous n'avons pas rencontré ailleurs, figure à plusieurs autres passages du même recueil (2). Peut-être doit-on l'identifier avec U. Laron, dont un document du Cartulaire de l'Artige donne seulement le nom (3) et dont un autre rappelle les démêlés avec ce dernier monastère lors de la remise, à celui-ci, du petit couvent de Fondadouze (4). On verra plus loin 'qu'une charte de 1229 mentionne Gui, fils de défunt Hugues de Laron.

Le Cartulaire d'Aureil nomme, à la date de 1159, Jourdain de Laron à titre de témoin (5). Nous n'avons trouvé aucun renseignement sur ce personnage.

ENFANTS DE ROGER VI : ROGER VII et GUI III. LEURS ENFANTS : ROGER VIII ET VIVIEN. GÉRALD VI ; GUI IV. — Roger VI vit en 1200, peut-être même en 1202, date à laquelle un personnage de ce nom figure comme témoin à une charte de Bonlieu (6). Un titre des archives de cette abbaye atteste qu'il n'est pas mort sans postérité. Sur l'extrême limite du XIIᵉ et du XIIIᵉ siècle, il donne en aumône à la communauté deux mas avec leurs dépendances; ses deux fils, Roger et Gui, interviennent à l'acte pour confirmer cette libéralité (7). Peut être agissent-ils au défaut de leur mère et les biens qui font l'objet de la donation proviennent-ils de celle-ci. Nous ne connaissons pas le nom de l'épouse de Roger VI; mais nous savons, par une autre

(1) *Cartul. d'Aureil*, f. 73. Plusieurs autres ecclésiastiques de Peyrat sont nommés à ce recueil : Gui de Grandmont et Guillaume de Goret, prieurs; G. de Chauchat, curé vers 1220, etc.

(2) Fol. 36 vᵒ, 73 vᵒ, etc.

(3) Arch. de la Haute-Vienne , série D, nᵒ 982, fol. 14 vᵒ.

(4) *Ibid.* fol. 1 vᵒ.

(5) Fol. 81 rᵒ.

(6) *R. de Lerunt*, p. 176.

(7) *Ego, Rotgerius de Lerunt, et ego, Rotgerius, filius ejus, pro nostra nostrorumque salute, donamus et concedimus Deo et Beatæ Mariæ et fratribus Boni Loci, in elemosina, duos mansos cum pertinentiis eorum, quorum unus est ad Grossum Montem, et alius ad Melcam... Ego, Guido, filius predicti Rotgerii de Lerun, hæc omnia dona patris mei et predicti patris mei Rotgerii dono et concedo, etc. (Cartul. de Bonlieu, p.* 174.)

charte de Bonlieu, qu'elle avait une sœur du nom de Béatrix, mariée
à Guillaume *Airaldi*, de Tulle (1).

Gui de Laron, que nous venons de rencontrer dans la Marche,
est probablement celui dont on relève le nom à un acte de 1200, du
Cartulaire d'Aureil (2), et qui est désigné, vers la même époque, à
celui de L'Artige par une simple initiale (3). Ce Gui est peut-être celui qu'une charte des Archives de la Haute-Vienne nomme en 1238
avec sa femme Marie et son fils Roger (4). Toutefois il existe, dans
le second quart du xiii⁰ siècle, deux Gui de Laron : l'un fils de Gui
et l'autre fils de Hugues. Ce dernier est caution à un acte de
1229 (5).

Nous avons déjà compté sept Roger de Laron et nous en avons
sans doute omis. En voici un qui pourrait bien n'être aucun de ceux
dont nous avons parlé jusqu'ici : ce Roger vit en 1200; il a un frère
du nom de Vivien, qui pourrait être le U. ou V. Leron du Cartulaire
de L'Artige signalé plus haut. — Nous relevons les noms de Roger,
Vivien et Gérald de Laron à un curieux acte en latin mêlé de langue
vulgaire, publié par MM. A. Leroux, E. Molinier et A Thomas,
dans le premier volume de leurs *Documents Historiques* et d'une
date assez rapprochée de 1200 (6).

Roger VIII et Vivien sont fils d'un Roger, Roger VII sans doute.
Ce dernier est nommé avec Vivien à une charte par laquelle ils
cèdent conjointement aux frères du monastère de Bonlieu leurs
droits sur une des *granges* de ces vaillants défricheurs et la dîme
d'une terre dépendant de l'église de Jarnages (7).

(1) *Cartul. de Bonlieu*, p. 175.
(2) Fol. 80 v⁰.
(3) *G. de Laront*, fol. 6 v⁰.
(4) Archives de la Haute-Vienne, D 1093.
(5) *Nobilis vir Guido Lerons, filius Hugonis Leron, deffuncti.*
Arch. Haute-Vienne, D 840.
(6) *De Rotger de Larunt e d'en Vioia, frater ejus... Girau Laront... p.* 149.
(7) *Notum sit omnibus hominibus... quod ego, Rotgerius de Leront,
dono et concedo, bona fide et sine fraude, Deo et Beatæ Mariæ et fratribus Boni Loci, in elemosina, quicquid tenent, habent et possident in
grangia de Grosmont, de jure hereditario meo, et decimam terræ de
Pontis, quam habent ad censum et possident de ecclesia de Jarnaja. Et
ego, Juzianus* (il faut évidemment lire *Vivianus*) *de Leron, filius prædicti
Rotgerii, hoc idem donum dono jamdictis fratribus modo simili et concedo. Factum est hoc anno ab incarnatione Domini M⁰ CC⁰, sexto nonas
maii, in manu B. abbatis, in platea juxta domum Prioris de La Tor.
Testes sunt B. Roboant; frater Petrus de Burgo Novo, magister de
Grosmont, Petrus de Veshens; J. de Mainac, monachus de Dols;
A. Conseillat, serviens ejus, Rotgerius de Sala.*

Il ne serait pas impossible que Vivien et Gui (*Wido*, *Vido*), fussent un même personnage. Dans ce cas il faudrait supprimer une génération de notre échelle familiale et identifier Roger VII et Roger VIII. Nous attribuerions, s'il en était ainsi, le nº 8 à Roger de Laron, prêtre, qui vivait entre 1200 et 1205 (1).

VI

Les derniers Laron.

Roger IX, Roger X et Gui V. — Gui IV a pour fils un Roger encore. Tous deux sont nommés en 1238 (2) et ce sont eux ou peut-être Gui et un de ses neveux « seigneur Gui et Roger, écuyer » qu'on trouve mentionnés en 1244 au nombre des vassaux devant l'hommage à Alphonse, comte de Poitiers (3). Le Roger de Laron qui vit en 1244, est probablement le mari de Jordane, fille de Raymond La Chèze, qui teste en 1257 (4).

On trouve peu d'années après un Roger de Laron marié avec Ahélis, fille de Gaucelin de Châteauneuf et sœur d'un autre Gaucelin (5). Les indications fournies à ce sujet par le *Nobiliaire* sont confirmées par une charte de l'Artige qui porte la date de 1266 (6). Le mari d'Ahélis est dit à cet époque « chevalier et seigneur en partie de Laron. » Jordane, femme de Roger, ayant dû faire son testament peu de temps avant sa mort, il n'y a aucune raison de croire que son mari ne soit pas devenu l'époux d'Ahélis : on se remariait aisément au moyen âge. Toutefois, comme il existe précisément, en 1260, deux Roger de Laron qui tiennent le château de ce nom et le fief pour lequel l'hommage a été seize ans plus tôt réclamé par le comte de Poitiers, il est fort possible que le mari de Jordane ait très pieusement gardé le souvenir de sa femme et qu'Ahélis ait été l'épouse de l'autre Roger, dixième du nom, au moins.

(1) *Testes : Rotgerius de Leront, presbiter (Cartul. de Bonlieu*, p. 172).
(2) Arch. de la Haute-Vienne, D 1023.
(3) Nous allons revenir plus bas sur ce point.
(4) *Nobiliaire de la généralité de Limoges*, t. III, p. 36.
(5) *Ibid.*

(6) *Nobilis vir Rotgerius de Leron, miles, dominus in parte de Leron, et domina Ahelis, uxor ejus et soror nobilis viri domini de Castro novo, dederunt*, etc.

Nous savons peu de chose de ces deux Roger. Le mari d'Ahélis, quel qu'il soit, compte parmi les bienfaiteurs de L'Artige et du petit prieuré du Mont Laron (1). A celui-ci ou à son homonyme se rapportent la mention (1257) d'une libéralité au profit de l'abbaye de femmes des Allois, près Limoges (2) et un document fort intéressant, publié par M. Louis Duval dans ses *Chartes communales et Franchises locales du département de la Creuse* (3).

On a déjà vu que la famille de Laron avait, dès la première moitié du xiiᵉ siècle, d'importantes possessions dans la Haute-Marche. Roger IV et Roger V ont des terres ou des redevances du côté de Vieilleville, Bénévent, Jarnages, La Tour Saint-Austrille. Roger X porte, au siècle suivant, le titre de seigneur d'Ajain. Ce dernier se concerte avec le comte de la Marche, pour la fondation d'une de ces franchises dont les seigneurs féodaux tiraient parfois de fort beaux profits. Le 14 décembre 1266, il déclare consentir à l'établissement, à Rimondeix et à Saint-Arey, sur ses terres, d'une ville franche qui jouira des coutumes et libertés de Saint-Pierre-le-Moutier, dont la charte était alors fort en faveur. Le comte de la Marche instituera cette commune et lui concèdera la charte qui réglera les droits et les devoirs de ses habitants. Le haut seigneur percevra la totalité de la taille aux quatre cas et la moitié des autres redevances. Roger se contentera de l'autre moitié de ces dernières. Si la fondation projetée n'a pas lieu ou ne réussit pas, la terre reviendra au seigneur d'Ajain, sauf les droits de juridiction du comte. Roger a soin de stipuler que ses hommes et ceux de son neveu, Pierre de Lopchiac, ne seront admis dans la franchise que de son consentement et de celui de Pierre.

Des deux maîtres de Laron nommés en 1266, l'un vit encore en 1270 (4) : le mari d'Ahélis de Châteauneuf ; mais un document du mois de mai 1279, le note comme ayant à cette date terminé sa carrière, peut-être depuis quelques années déjà. Sa veuve est nommée en 1279, 1281, 1283, 1291. Elle donne ou confirme à L'Artige ses droits sur les mas Papalou et du Cheyrou, dans la paroisse de Saint-Denis-des-Murs (5). A l'autre Roger, qui a dis-

______

(1) La liasse 1177 du fonds du Collège de Limoges, aux archives de la Haute-Vienne, conserve l'original d'une charte de donation émanant de ce Roger. Il est appelé à plusieurs actes : *dominus in parte Castri de Leron.*

(2) Bibliothèque nationale, man. lat. 12746, p. 620.

(3) Textes, pages 50, 31, 32 : d'après le *Cartulaire des comtes de la Marche.*

(4) Arch. de la Haute-Vienne, D 1089.

(5) Archives Haute-Vienne, D 1064, D 1066, etc.

paru beaucoup plus tôt, a sans doute succédé Gui, qualifié, dès le mois de juillet 1273, de « chevalier et seigneur de Laron ». (1) Gui possédé des droits sur le territoire des paroisses de Nedde, Rempnat, Saint-Amant-le-Petit. Sa veuve, Agnès, et son fils Gui — Gui VI — sont nommés à des documents de 1307 et 1309.

La série des Roger n'est pas close. Roger XI, damoiseau, fils de Roger, vit en 1286, 1296, 1297, 1298, 1302, 1312. Il est dit, à ces diverses dates, seigneur en partie du château de Laron (2). C'est à lui, peut-être, que se réfère une note du *Nobiliaire* mentionnant la sépulture, aux Frères Prêcheurs de Limoges, d'un seigneur de ce nom, décédé avant 1328 (3).

Il convient sans doute de rattacher à cette famille un personnage du nom de Raoul de Leuron, qui, en 1235, après la mort de l'évêque Gui du Cluzeau, remplit, à Saint-Léonard, et probablement aussi dans la Cité de Limoges et dans d'autres possessions du siège épiscopal, les fonctions de garde des Régales (4).

A partir des premières années du quatorzième siècle, nous ne rencontrons plus que de rares mentions de membres de la famille de Laron : celle-ci n'a pourtant pas quitté le pays et elle fournit quelques chanoines aux chapitres de Saint-Léonard et d'Eymoutiers. Mais il n'est pas question d'elle dans les chroniques : elle n'appartient plus à l'histoire. Aux documents d'archives seuls on trouve son nom de loin en loin. C'est ainsi qu'il est parlé, en 1328, de Bernard Roger de Laron, damoiseau, marié à Isabelle de la Roche (5); en 1329, de Mauret (Maureil ?) de Laron, damoiseau, oncle de Louis *Poteti Ayraudi*, de Chénérailles (6) ; en 1336, de Comptor de Laron, femme de Jean de la Roche, chevalier, lequel possède, du chef de celle-ci, plusieurs mas dans la paroisse d'Ajain : il les échange, avec l'évêque Roger le Fort, contre des rentes assises sur des fonds

(1) *Guido de Laront, miles, dominus de Laront* (Arch. de la Haute-Vienne, D 1039.

(2) *Rotgerius, dominus in parte de Leront... Rotgerius, dominus in parte castri et castellanie de Leront* (Arch. départem. de la Haute-Vienne, fonds de Solignac, liasse 7266, et du Collège, 1023, 1041, 1090 et 1124).

(3) *Nobiliaire de la généralité de Limoges*, t. III, p. 36.

(4) V. notre étude sur *La Commune de Saint-Léonard au* XIIIe *siècle*, p. 125.

(5) Registres des hommages de l'Evêché, aux Arch. de la Haute-Vienne.

(6) On a vu plus haut que Béatrix, belle-sœur de Roger VI, avait été mariée à Guillaume *Airaldi*.

situés à Eymoutiers (1). En 1323, le *Nobiliaire* nomme, d'après Simplicien, Marguerite de Laron, femme de Jean Le Groing, seigneur de Villebouche. Isabelle des Moulins, dame de Laron, et Jean, son fils, sont nommés à un acte de 1441 (2).

Nous connaissons encore Gouffier de Laron, capitaine de Chalucet pour le seigneur d'Albret en 1443 et 1452 (3) ; Marguerite de « Lairon », sœur du commandeur de La Vaufranche, mariée vers le milieu du xv° siècle avec Franconin de Ligondez (4) ; Jean de « Leron », écuyer, qui porte encore, à la date du 27 janvier 1471, vieux style (1472), le titre de seigneur d'Ajain (5). A la même époque, parmi les nobles de la Marche compris au rôle d'une montre générale, se présente « François Leron, pour et au nom du seigneur deu Jaing (*sic*), son père, vieulx et ancien ». François est monté, « armé d'arnois blanc, accompaigné de deux hommes d'armes, l'ung en brigandine et l'autre coustellier » (6). La suite est assez modeste. — A la même revue figure, parmi les gentilshommes du Limousin convoqués à Saint-Léonard, un certain « Guillaume Beron, seigneur dudit lieu » que nous soupçonnons fort d'être un sire de Laron. Celui-ci a un état plus digne de l'antique puissance de sa race que le précédent : il est inscrit comme « homme d'armes à quatre chevaux et un brigandinier ».

Ce Guillaume aurait été, dit-on, le dernier de sa famille et en lui se serait éteinte la lignée des anciens chevaliers de Laron. La vieille race aurait même, d'après le *Nobiliaire*, disparu dès le milieu du xv° siècle (7). Nous avons lieu de penser qu'au siècle suivant, seulement, elle cessa d'exister. En ce qui concerne Guillaume de Laron, peut-être fut-il le dernier de sa branche ; mais de son testament même,

(1) Charte du prieuré des Ternes, citée par M. Aug. Bosvieux (Archives de la Haute-Vienne, fonds Bosvieux, L 56.

(2) Arch. Haute-Vienne, D 1024.

(3) Ce personnage avait acquis, sous réserve de réméré, le château de Châlucet, de la famille de Bretagne. Il refusa de le rendre, mais fut débouté de ses prétentions par Charles VII (Manuscrit français 18757 de la Bibliothèque nationale, fol. 189 ; Archives des Basses-Pyrénées, E 715 et E 716 ; Arch. de la Haute-Vienne, Chapitre cathédral, liasse 3025).

(4) Arch. de la Haute-Vienne, fonds Bosvieux, L 57.

(5) *Ibid*. L 56.

(6) Montre du mois de janvier 1471, publiée par M. Clément Simon, dans le *Bulletin de la Société scientifique et historique de Brive*, t. XI, p. 261 et suivantes.

(7) *Nobiliaire*, t. III, p. 461.

conservé aux Archives de la Haute-Vienne (1), il résulte que, s'il n'avait pas d'enfant mâle à la date du 22 avril 1490, jour où il dicta ses dernières volontés au notaire Bordas, et si vraisemblablement il n'en a point laissé, il existait à cette époque, dans le pays même, un autre représentant au moins de la vieille souche féodale : Léonard de Laron, à qui Guillaume légua tous les cens, rentes et devoirs qu'il possédait au bois de Ribagnac, paroisse de Saint-Martin-Terressus, et à Champety, paroisse de Saint-Julien près Laron. Ce testament nous apprend que Guillaume était né à Saint-Léonard, sur la paroisse de Saint-Etienne ; qu'il avait eu au moins deux frères : Antoine, le père de Léonard, et « maître Jean », décédés avant la date de l'acte, et qu'il lui restait une sœur, Catherine, veuve à cette époque, de noble Renaud Cotet, damoiseau, seigneur de la Penchererie. C'est cette sœur, fait à noter, que le testateur nomme son héritière universelle, au cas où sa propre femme, Bénédicte de Pompadour, enceinte au jour du testament — Guillaume n'est donc pas d'un âge très avancé — ne lui donnerait pas d'autre enfant. Il a cependant deux filles : Françoise, née de Jeanne Artigole, de Laron, et Léonarde, probablement du même lit, mariée à Martial de Pendac. Cette dernière recevra un legs de trente livres, outre la dot qui lui a été comptée. Quant à Françoise, il lui sera délivré, au jour de son mariage, une somme de cent livres, un lit garni et un trousseau convenable. Jusque-là les héritiers lui devront le logement, le vêtement et la nourriture. — Le testateur est seigneur, non seulement de Laron, mais de Peyramont, paroisse de Sauviat, et de la Cheyraudie, paroisse de Saint-Laurent-les-Eglises ; il possède aussi la « juridiction du Dognon », nous ne savons à quel titre. Il a abandonné le vieux castel de sa famille, qui est, tout nous porte à le croire, tombé en ruines dès cette époque, et il habite son repaire de Peyramont. On voit, par un passage du document que nous analysons, que la sépulture des seigneurs de Laron, des parents tout au moins du testateur, se trouvait dans l'église paroissiale de Saint-Martin-de-Champmain, hors des murs de Saint-Léonard, et que la famille avait fondé plusieurs vicairies dans cette église ; pour le service de ces vicairies, Guillaume lègue à l'église un marc et demi d'argent, dont on fera fabriquer un calice avec sa patène. L'acte renferme divers autres legs pieux, parmi lesquels il convient de donner une mention particulière à celui en faveur du curé d'Auriac, auquel Guillaume abandonne toutes les dîmes que lui et ses auteurs ont de tout temps perçues dans l'étendue de la paroisse. Il est à remarquer

(1) Série D, liasse 846.

que le testament est muet sur l'église ou chapelle de Laron ; on peut en conclure qu'elle n'existait plus dès cette époque (1).

La femme de Guillaume lui survécut de longues années. A un inventaire du château de Pompadour sous la date du 25 juin 1522,

(1) ... Nobilis et potens vir dominus Guillelmus de Laronte, miles, dominus dicti loci de Laronte, de Petramonte et de Cheyraudia, Lemovicensis diœcesis, sanus mente sua et bene compos ejusdem, in suo firmo et stabili proposito existens, tamen languens corpore, suum fecit, condidit et ordinavit testamentum, etc. — In nomine sancte et individue Trinitatis, Patris, Filii et Spiritus sancti, Amen. Ad honorem et laudem Dei omnipotentis et beatissime et gloriosissime virginis Marie, ejus genitricis, beatorum Martialis apostoli, Leonardi et Antonii confessorum, ac beate Catharine virginis et martyris(*)... Ego, Guillelmus de Laronte, miles, dominus predictorum locorum de Laronte, de Petramonte et de Cheyraudia, habitator predicti repayrii mei de Petramonte, parrochie de Salviaco, predicte Lemovicensis diœcesis, sanus, per Dei gratiam, mente, licet eger corpore, et in mea bona memoria et mentis disposicione ac sano proposito existens, timens et salubri meditatione perpendens gladium inevitabilis mortis acutum ex insperato subito irruentem, qui nulli parcit nec eciam miseretur, et quod presentis vite conditio statum habet instabilem, ut ea que verisimiliter permanendi habent essentiam, invisibiliter tendunt ad non esse — actendens et considerans insuper quod breves dies hominis super terram sunt, quorum numerus apud Deum retinetur, et quod nihil est certius morte, nihil vero incertius ejus hora ; volens propter hec diem mee extreme peregrinationis dispositione testamentaria sic provide prevenire, ne mens afflicta languoribus et mortis cogitatione turbata minus salubriter complere valeat quod intendit : Igitur... testamentum meum ultimum.... Christi nomine penitus invocato... facio, condo, etc , etc... Corpus vero seu cadaver meum, dum ex eo anima mea fuerit egressa, volo sepeliri... in tumulis meis et parentum meorum existentibus infra ecclesiam Beati Martini de Campo Magno, prope et extra muros ville sancti Leonardi... Accipio pro funerariis meis fiendis, diebus obitus, crastine, septene et annualis, meorum, ducentum libras monete currentis... Attentis et consideratis divinis officiis et aliis bonis que fiunt, dicuntur et celebrantur per dominos priorem et conventum monasterii seu prioratus conventualis Beati Leonardi de Nobiliaco, ad finem ut sim consors et particeps in eisdem et recipi valeam in canonicum seu confratrem secularem et habeant ponere corpus meum subtus chorum dicti eorum monasterii (**), do et lego et per modum legati relinquo dictis domino priori et conventui dicti Sancti Leonardi fundationem duorum anniversariorum per ipsos sollemniter celebrandorum in dicto monasterio pro anima mea et animabus quondam nobilium Anthonii

(*) On remarquera que le testateur invoque la patronne de sa sœur et le patron d'un de ses frères.

(**) Il s'agit d'une absoute donnée au-devant du chœur, et non de la sépulture. On a vu que le testateur voulait être enterré dans l'église de Champmain.

il est fait mention d'elle. Elle est dénommée « Benoite de Pompadour, dame douairière de Peyremont en la Marche » (1).

On a vu que Guillaume de Laron était né à Saint-Léonard. Sa famille, dont on connaît les très anciens rapports avec cette ville, y possédait un hôtel au moyen âge. Un document de 1426 mentionne,

et magistri Johannis de Laronte, fratrum meorum germanorum, singulis annis... videlicet viginti quinque libras... Do et lego capellano Sancti Stephani dicte ville Sancti Leonardi, cujus parrochianus fui et originem in dicta villa sumpsi, pro emendatione luminariorum... decem solidos monete currentis semel solvendos... Item, priori seu rectori ecclesie de Salviaco... quinque solidos annis singulis renduales... Item, priori seu rectori ecclesie parrochialis de Auriaco... omnem et totam decimam quorum cumque fructuum decimalium quos ego levo et percipio ac levari et percipi consuevi tam per me quam per predecessores meos in tota parrochia predicta... Do et lego et per modum legati relinquo ad opus vicariarum per predecessores meos fundatarum in dicta parrochiali ecclesia de Campo Magno, pro servitio dictarum vicariarum, unam marcham cum dimidio argenti, ad faciendum et pro faciendo unum calicem cum patena... Insuper recognosco et in veritate confiteor ego testator predictus me habuisse et recepisse bene et legitime realiterque et de facto, ex dote mihi cum nobili domina Benedicta de Pompadorio, carissima uxore mea data, promissa et constituta, mille libras monete nunc currentis, quas volo, jubeo et ordino sibi solvi... Per modum legati relinquo eidem nobili uxori mee... sexaginta libras renduales ad usum et consuetudinem patrie Marchie (*)... Instituo et ordino ego testator predictus jamdictam uxorem meam dominam, rectricem, gubernatricem et administratricem ac usufructuariam omnium bonorum meorum tam mobilium quam immobilium, quandiu stabit in statu viduali... Nec non etiam volo et ordino quod habeat exercitium et possit et valeat tenere in manibus suis, quamdiu stabit in predicta viduitate, omnimodam jurisdictionem castri et castellanie mee de Laronte, et eciam totam jurisdictionem quam habeo in reppayrio meo de Petramonte et in omnimoda jurisdictione de Dompnhonio, una cum deffectibus, emendis et aliis juribus et deveriis ex predictis jurisdictionibus meis provenientibus, alienatione tamen omnium et singulorum bonorum meorum... remota... Relinquo prelibate uxori mee omnes et singulos rotulos curiarum mearum de Laronte et de Petramonte, cum hoc tamen, quod volo, jubeo et ordino quod predicta uxor mea debeat et teneatur solvere et reddere salaria debita servitoribus et ancillis meis... Item, cum dicta uxor mea, ut asserit, sit pregnans et gravida, volo, jubeo et ordino quod, si sint postumus vel postumi, quod sint heres vel heredes mei universales, et si sint postumus et postuma, quod dicta postuma dotetur secundum facultatem domus mee

(1) Document publié par M. l'abbé Poulbrière (*Bulletin de la Société de Tulle*, année 1893, p. 334).

(*) Peyramont était situé en terre marchoise.

dans le quartier du Marché, l'habitation de la dame de Laron (1). Au XVIIe siècle, on voit encore des terres de la banlieue, et même des fonds de la ville payer aux successeurs des Roger des redevances en froment et en seigle. Ajoutons qu'on donne toujours le

et decentiam personarum in et de bonis et rebus meis ; et ulterius, si non sint nisi postuma vel postume, quod sint heres vel heredes mee universales... et... eisdem provideo de tutoribus... de nobilibus et potentibus viris domino Johanne de Pompadorio, milite, domino dicti loci, et Francisco Cotet, domino de la Penchenaria, nepote meo, et eorum quolibet... Item ulterius, do et lego, et jure institutionis relinquo Francisce, filie mee naturali et Johanne Artigole de Laronte, pro ipsam maritando, et pro omni parte et portione et alio jure seu deverio... centum libras monete nunc currentis, semel solvendas... et quod induatur honorifice, una cum lecto garnito, culcitra, pulvinari plume, duobus linteaminibus et mappa bonis et competentibus ; et casu quo non maritabitur, quod predicta dos ad heredem seu heredes meos revertatur: et insuper volo et ordino quod predicta filia mea habeat mansionem, victum et vestitum in et super bonis et rebus meis quibuscumque, quandiu stabit ad maritandum.... Item do et lego Leonarde de Laronte, filie mee naturali, uxori Martialis de Pendac, ultra alia bona per me sibi cum dicto Martiale in dotem et dotis nomine data et persoluta... videlicet triginta libras monete tunc currentis, semel solvendas... Insuper do et lego... Leonardo de Laronte, filio naturali dicti quondam Anthonii de Laronte, fratris mei, omnes et singulos census, redditus bladorum, argenti et gallinarum, et alia jura et deveria quecumque mihi debita et debitura per homines loci mei deu Bost de Ribanhac, parrochie Sancti Martini Terresudoris, et etiam per homines loci mei de Champeytl, parrochie sancti Juliani prope Larontem : jurisdictione dictorum locorum et edibus meis subscriptis salvis et reservatis duntaxat super eisdem locis, durante cursu vite ipsius Leonardi duntaxat ; nec non et quandam domum in qua moratur dominus Petrus de Ladraco, cum orto antiquo eidem domo contiguo, sito in burgo Sancti Juliani prope Larontem, cum suis pertinentiis quibuscumque, quam sibi in perpetuum do et lego, reservatis duodecim denariis anno quolibet censualibus seu rendualibus heredibus meis persolvendis, cum dominio fundali et accaptamento duorum denariorum ; necnon unum lectum munitum culcitra, pulvinari plume, et linteaminibus, aut victum et vestitum honorabiles in et super bonis et rebus meis, si super eisdem residentiam facere voluerit ; et si noluerit victum et vestitum nec residentiam facere super bonis meis, volo et ordino quod res supradicte, sibi per me donate, eidem Leonardo remaneant quamdiu vitam duxerit in humanis. Item, do et lego in puram eleemosinam et intuitu pietatis et misericordie, hominibus meis et etiam renduariis meis quibuscumque post obitum meum et ad finem ut teneantur et debeant Deum deprecari pro salute anime mee et anime parentum meorum deffunctorum, omnia et singula arreyragia quorumcumque censuum et

(1) *De dicta rua de Inter Estatgias ad hospicium domine de Larunte.* (Arch. Haute-Vienne, Chapitres, liasses diverses).

nom de « prés Laron » à des prairies situées à peu de distance des faubourgs.

Les Laron portaient de..... à une escarboucle à six rais pomme-tés de.....

Léonard de Laron suivit-il de près son oncle Guillaume dans la tombe? nous l'ignorons. Peut-être était-il clerc, chanoine ou reli-gieux : ce qui expliquerait pourquoi le testateur de 1490 ne lui avait pas fait une part plus large dans sa succession. L'héritière univer-selle du seigneur de Laron et de Peyramont, Catherine, paraît être morte peu de temps après ce dernier : son fils, François Cotet, sei-gneur de la Pencheneric, avait recueilli son héritage en 1505 et probablement dès avant cette date. François n'eut qu'une fille, Françoise, qui épousa Jean Narbonne, et apporta à son mari, avec la baronnie de Laron, les seigneuries de la Penchenerie et des

reddituum bladorum, argenti et gallinarum que mihi debentur de toto tempore... In residuis vero bonis et rebus meis mobilibus et immobilibus, presentibus et futuris quibuscumque, facio, instituo et ordino, ac ore meo proprio nomino heredem seu heredes meos universales solum et in solidum, predictum postumum seu postumos, aut posthumam seu posthumas : casu quo non extarent,... heredem meam universalem sibi substituo, facio, no-mino, instituoque et ordino nobilem mulierem Catharinam de Laronte, domicellam, charissimam sororem meam germanam, relictam quondam nobilis viri Reginaldi Cotet, domicelli, domini, tempore quo vivebat, de la Penchanaria, et ipsa migrata ab hoc seculo, heredem mihi et sibi subs-tituo... nobilem virum Franciscum Cotet, nepotem meum, filium predicte nobilis Catherine, sororis mee, et predicti deffuncti; et casu quo predictus nobilis Franciscus, nepos meus, decederet ab humanis, nullis relictis liberis... heredem universalem... facio nobilem virum Poncetum Cotet, domicellum, nepotem meum, fratremque germanum dicti Francisci; et casu quo prædictus Franciscus Cotet decederet ab hoc seculo, nullis relictis libero seu liberis, volo... quod filie dictorum quondam Reginaldi Cotet et predicte Catharine de Laronte, sororis mee... eidem Ponceto Cotet succedant et heredes mihi et sibi substituo... Præterea eleemosinariam et executricem meam et mei presentis ultimi testamenti... facio, instituo, ordino dictam nobilem Catharinam de Laronte... Datum et actum in dicto reppayrio de Petramonte, videlicet ante capellam seu vicariam ejusdem... Presentibus... dilecto in Christo domino Joanne de Barbaro, presbitero par-rochie predicte Sancti Juliani ; Joanne Bachelier, alias Jean Darconseys ; Gaufrido seu Gaulferio Darconseys ; Simone, fratre dicti Golferii : Fran-cisco, dicti loci (*sic*) ; Petro Darconseys juniore ; Michaele de Lage ; Joanne dicti loci de Lage, et Leonardo Vray, parrochie predicte de Salviaco habi-tatoribus, die sabathi, vicesima secunda mensis aprilis, anno Domini millesimo quadringintesimo nonagesimo (D 846).

Biards, près Saint-Yrieix. Des trois filles issues de ce mariage, l'aînée, Catherine, fut mariée à Jacques-Mathieu d'Espaigne. Le contrat est du 3 juin 1539 (1). Ce fut ainsi que la famille d'Espaigne acquit la châtellenie de Laron, qu'elle ne devait pas longtemps garder. Catherine survécut à son mari et peut-être vendit elle cette seigneurie à Pierre du Repaire, car en 1602, c'est la nièce de Pierre du Repaire « baron de Laron », damoiselle Gabrielle Trompoudon, femme de Desse d'Aubusson, qui la possède. Desse d'Aubusson était seigneur d'Auriac et de Saint-Junien-la-Brégère. Il ne paraît pas avoir, plus que ses prédécesseurs, habité le manoir ruiné des bords de la Maude. En juillet 1613, il résidait à Bourganeuf (2). Un Desse d'Aubusson, qui pourrait être lui ou son fils — celui-ci portait en effet le même nom, — embrassa le protestantisme à Rochechouart à la suite de plusieurs conférences avec le célèbre ministre Daniel de Barthe (3). Catherine Trompoudon et son mari vivent encore en 1623 (4).

Peu après, la seigneurie de Laron passa aux de La Breuille. Le premier membre de cette famille qui l'a possédée paraît avoir été François, seigneur d'Anglard, mort avant 1648, marié à Gabrielle de Fontange. Son fils est le « baron de Laron » qui, le 25 avril 1658, tient sur les fonts baptismaux Marie de Gay de Nexon (5).

Au mois d'avril 1670, Françoise, fille unique de feu Léonet de La Breuille, chevalier, baron de Laron, et de Jeanne de Bosredon, épousa Marc Antoine de la Belmondie, comte de Plaigne, vicomte d'Auberoche en Périgord (6). De cette famille sont issus les derniers seigneurs de Laron. Nous trouvons à un rôle de l'arrière ban de 1695, l'un d'eux désigné ainsi : « le seigneur de Vret et de Laron ». Il y est inscrit avec cette mention : « a servi l'année dernière » (7). A Marc Antoine, mort le 29 avril 1740, succéda son fils, Pierre-Annet, qu'un document de 1741 qualifie de baron de Laron et de Saint-Julien (8). Ce gentilhomme habitait à cet époque son château de Saint-Julien « en Limosin ». Jean-Léonard de La Belmondie est également appelé seigneur de Saint-Julien et de Laron à la liste

(1) Archives de la Vienne, C 83, et *Nobiliaire*, t. I, p. 447.
(2) Arch. Haute-Vienne, D 846.
(3) *Nobiliaire* I, p. 84.
(4) Arch. Haute-Vienne, D 1024, 1039, 1091.
(5) Livres domestiques de la famille de Gay de Nexon, au château de Nexon.
(6) *Nobiliaire* I, p. 170.
(7) *Bull. de la Soc. arch. et hist. du Limousin*, t. VIII, p. 34.
(8) Arch. Haute-Vienne, D 1091.

des gentilshommes qui assistèrent à l'Assemblée des trois ordres de la sénéchaussée de Limoges et Saint-Yrieix, en 1789.

La seigneurie de Peyramont, que nous avons vu plus haut possédée par Guillaume de Laron en 1490, était, dès le xvi⁰ siècle, passée à une famille qui avait eu de très anciennes alliances avec la lignée des Roger, les du Léris ou du Leyris, originaires des environs de Royère. Ces alliances expliqueraient peut-être le nom de *Comwr* qu'on trouve dans cette famille comme dans celle des Laron. Il est parlé, au *Nobiliaire* même, de « Comptor de Leyris » qui épousa en 1452 Jean de Lubersac (1).

Nous avons passé en revue toutes les mentions concernant les membres de la famille de Laron que nous aient fournies nos chroniques et nos documents d'archives. Si ces textes nous révèlent l'existence, le nom et souvent la filiation d'un assez grand nombre d'individus, ils nous apprennent, il faut en convenir, bien peu de faits intéressants sur leur compte. L'histoire des deux évêques du xi⁰ siècle, seule, nous est un peu connue. Des seigneurs du château de Laron, de leur histoire intime, du rôle qu'ils ont joué dans la contrée, de leurs expéditions, de leurs exploits, de leurs revers, on ne sait à peu près rien. Une charte de l'abbaye de Tulle, dont la date se place entre 1060 et 1107, montre Gérard et Guillaume de Poissac (2) venant, sur le conseil de leur frère Archambaud, demander aux religieux de la communauté des prières pour le repos de l'âme de Geoffroi, leur frère aussi, « égorgé par le glaive des chevaliers du château de Laron » (3). Nous ignorons dans quelles circonstances s'est produit cet événement, dont on ne trouve pas d'autre mention.— Quelque quarante ou cinquante ans plus tard, un peu avant le milieu du xii⁰ siècle, une notice non datée du Cartulaire d'Aureil parle de « la guerre de Laron » (4). S'agit-il d'une querelle de famille, d'un grave différend avec les seigneurs du voisinage, du siège et peut-être d'une première destruction du vieux fort ? On ne peut édifier que des hypothèses sur ce seul mot. Notons seulement qu'au commencement du xiii⁰ siècle, alors qu'au cours de la lutte entre les partisans du roi de France et ceux du roi d'Angleterre, duc

(1) *Nobiliaire,* t. III, p. 551.

(2) Nous adoptons la traduction de *Poenciacum* donnée par M. Champéval, éditeur du *Cartulaire de Tulle*; mais elle ne nous semble pas tout à fait certaine.

(3) *Qui gladio jugulatus est a militibus Leronensis castri.* (*Cart. de Tulle,* ap. *Bulletin de Brive,* année 1888, p. 157.)

(4) *Guerram de Laront.*

d'Aquitaine, plusieurs des châteaux de la contrée sont assiégés, pris et repris, le nom de Laron n'est pas une seule fois prononcé dans nos chroniques.

D'après une légende, fort accréditée dans le pays, le château de Laron aurait été pris et détruit par les Anglais au cours de la guerre de Cent Ans ; ceux-ci s'en seraient emparés avec la connivence d'une servante. Cette trahison est le sujet de divers récits, qu'il faut renoncer à concilier les uns avec les autres, et dans lesquels l'imagination des gens de la contrée s'est donnée libre carrière.

Nous ne possédons aucune pièce fournissant des détails sur l'aspect, la structure, la distribution, du château de Laron. Quelques rares mentions, et c'est tout : la plus ancienne paraît antérieure à la fin du xiᵉ siècle. Elle est donnée par une notice du Cartulaire d'Aureil où il est parlé d'une libéralité faite à ce monastère, par Boson de La Chèze et son frère, « dans la tour de Laron », le jour même où Boson et un autre de ses frères, Raynaud, prirent le chemin de Jérusalem (1).

Le château de Laron avait sa chapelle, qu'il faut peut-être distinguer de l'église paroissiale dont nous avons déjà signalé plusieurs mentions. Cette dernière était dédiée à Saint-Pardoux et elle figure, à côté de celle de Saint-Julien, dans la liste des églises relevant de la collégiale d'Eymoutiers qui est insérée à une bulle d'Adrien IV, de 1154 (2). Le cartulaire de L'Artige nomme deux des prêtres qui ont desservi l'une de ces chapelles, Adémar (?) à un acte sans date, et P. Ferrachat, à une charte de 1192 (3).

Plusieurs textes établissent qu'il existait des relations et même des liens féodaux entre les seigneurs de Laron et plusieurs autres familles nobles du pays, les La Chèze, les du Leyris et les Gimel en particulier. On relève la trace d'alliances avec les deux premières. Quant aux Gimel, ils possèdent, par suite d'alliances aussi, peut-être, des droits à Laron même, et sont qualifiés, au xiiiᵉ siècle, de chevaliers du château (4). Guillaume Ferrachat porte aussi, dans une charte du mois d'avril 1229, le titre de « chevalier de Laron » (5).

(1) *Hoc donum factum est in turre de Larunt, eo die quo Boso et Rainaldus, frater ejus, moverunt in Jerusalem.*

(2) J. Dubois, *Documents sur Eymoutiers* (*Bull. de la Soc. arch. et hist. du Limousin*, t. XXXVI, p. 407.

(3) Arch. Haute-Vienne, D 982, fol. 73.

(4) *Quidam miles de Larunt, nomine Willelmus de Gemeu.* (*Cartulaire d'Aureil*, fol. 2).

(5) *Willelmus Ferrachat, miles de Leron* (Arch. Haute-Vienne, D 846).

VII

L'apanage d'Alphonse de Poitiers et le diocèse de Limoges

Nous avons dit plus haut qu'en 1244, les deux co seigneurs du château de Laron figurent dans l'énumération des vassaux d'Alphonse de Poitiers, frère de Saint-Louis, et doivent à ce seigneur l'hómmage pour leur fort. Ce renseignement nous est fourni par une pièce des plus intéressantes du précieux recueil publié sous le titre d'*Archives historiques du Poitou*. Voici les termes mêmes du document :

« Seigneur Gui de Laron, pour la moitié du château de Laron et de ses dépendances; Roger de Laron, écuyer, pour l'autre moitié : tel que se comporte ce fort, situé dans le diocèse de Limoges » (1).

Un certain nombre de passages du même recueil font mention du fief d'une dame désignée sous le nom de *Comtor* ou *Contour*, dont les domaines sont séquestrés ou tout au moins administrés par les officiers d'Alphonse. Les receveurs du comte de Poitiers font figurer, aux recettes de leurs comptes de 1243, une somme de neuf livres, produit de la vente du blé et du vin de ces terres (2). En 1244, 1245, 46, 48, ils perçoivent cent sous pour « le tiers » — *pro tercio* — (3) d'un prix de ferme probablement, à moins qu'il ne s'agisse d'un droit de régie. En 1247, ces domaines ne sont pas affermés. Ils semblent être rattachés aux terres achetées ou saisies dans le bailliage de Saintonge (4); mais le fief des Laron est placé dans la même ctrconscription ou dans la même catégorie. Dans tous les cas on peut inférer d'une des plus anciennes mentions relatives à ce fief qu'il fait partie des « acquisitions » réalisées sur les terres du comte de la Marche (5). Enfin un passage, peu clair du reste, de ces comptes, parait réunir les terres de Contour et du seigneur de Laron dans

(1) *Sicut est castrum, in episcopatu Lemovicensi* (Arch. *historiques du Poitou*, t. IV, p. 64).

(1) *De feodo domine Cantor...., de blado, vino vendito,* IX *libr.* (Arch. *hist. du Poitou*, t. IV, p. 35).

(2) *De terra domine Comtor (Cantor, Contor)* C sol. *pro tercio* (*Ibid.* p. 82, 101, 136, etc.

(3) *Terre forefacte in terra vel ball'nia Xantonis* (*Ibid.* 35, etc.)

(4) *Conquesta super domanium coi....is Marchie* (*Ibid.* p. 82).

une possession commune (1). Nous pensons, toutefois, qu'il n'y a pas lieu de rattacher cette dame à la famille, objet de notre étude, et qu'elle appartient à celle des Contor, seigneur d'Aubières. (2). Nous retenons seulement ce fait : que, dès 1244, le fief de Laron relève du Comte de Poitiers. Il résulte de plusieurs pièces du Trésor des Chartes (3) que le château de Rochechouart et ses dépendances doivent également hommage au frère du Roi.

Il n'y a aucune raison de penser qu'à cette époque seulement, les seigneurs de Laron se trouvèrent placés dans la mouvance directe du comte de Poitiers. Nous croyons, pour notre part, que cet état de choses était dès lors ancien. On ne voit pas que ces chevaliers aient rendu hommage à aucun des grands personnages du pays. Leur château ne relève, ni de l'Evêque, ni du comte de la Marche, ni du vicomte du Limoges, ni d'aucun monastère ou chapitre de la contrée. Les Laron semblent avoir longtemps conservé leur indépendance et gardé leur alleu exempt de la sujétion féodale. Les seigneurs qui les entouraient, n'étaient pas plus puissants qu'eux en somme, et la famille avait d'assez belles alliances pour ne redouter aucun de ses voisins. Un jour vint toutefois, où les chefs d'alentour devinrent menaçants, où les comtes de la Marche, surtout, agrandirent assez leurs états et se rapprochèrent assez des terres des Roger, pour que ceux-ci pussent concevoir de sérieuses inquiétudes. Ce fut alors qu'ils durent se déterminer à accepter un patronage plus effectif et à avouer un seigneur : toutefois ils aimèrent mieux se recommander au comte de Poitiers qu'à un de ses vassaux : le comte était assez puissant pour les protéger contre tous les guerroyeurs de la région, et d'autre part assez éloigné d'eux pour ne pas être un maître trop gênant.

On constate du reste des relations directes, au onzième siècle, entre les Laron et les comtes de Poitiers. Nous avons déjà mentionné la donation faite en 1030, par l'évêque Jourdain, à l'église de Limoges. Les lettres délivrées par le prélat à cette occasion, divisent en deux catégories bien distinctes, les biens qui font l'objet de cette libéralité et en indiquent l'origine différente : les uns, tels que la grande tour du château neuf — nous ne sommes pas éloignés de croire qu'il s'agisse ici de Châteauneuf-la-Forêt et que ce fief ait,

(1) *De terra domine Contour com* (sic) *domino de Bron* (sic) *XV libr. pro toto,* 1248 (*Ibid.* p. 219). Bron est certainement une mauvaise lecture pour Leron ou Laron.

(2) Bertrand Contor, chevalier, seigneur d'Aubières, reconnait, en 1245, tenir d'Alphonse un fief. (TEULET, *Layettes du Trésor des chartes,* t. II, 567).

(3) Voir ci-après, p. 53, note.